WITHDRAWN
HARVARD LIBRARY
WITHDRAWN

DIE PHÄNOMENOLOGIE UND DAS PROBLEM DER GRUNDLEGUNG DER ETHIK

EIICHI SHIMOMISSÉ

DIE PHÄNOMENOLOGIE UND DAS PROBLEM DER GRUNDLEGUNG DER ETHIK

AN HAND DES VERSUCHS VON MAX SCHELER

MARTINUS NIJHOFF / DEN HAAG / 1971

© *1971 by Martinus Nijhoff, The Hague, Netherlands*
All rights reserved, including the right to translate or to reproduce this book or parts thereof in any form

ISBN 90 247 5062 8

PRINTED IN THE NETHERLANDS

Diese Arbeit hat den 13. Juli 1968 an der philosophischen Fakultät der Johannes Gutenberg Universität in Mainz als Dissertation vorgelegen.

INHALTSVERZEICHNIS

Verzeichnis der Abkürzungen   IX

Einleitung   XI

Kapitel I: Die Auseinandersetzung Schelers mit Kant   7

    1. Schelers Kritik der allgemeinen Voraussetzungen Kants   8
       a. Die methodologische Voraussetzung   8
       b. Die psychologische Voraussetzung   10
       c. Die erkenntnistheoretische Voraussetzung   11
       d. Die ontologische Voraussetzung   12
       e. Die logische Voraussetzung   14
    2. Schelers Kritik der axiologisch-ethischen Voraussetzungen Kants   15
    3. Die Lehre vom Apriori   22

Kapitel II: Die Phänomenologie und Max Schelers intentionale Analyse des emotionalen Lebens   37

    4. Über die Phänomenologie   37
    5. Die genaue Abgrenzung der Untersuchung   40
    6. Husserls Lehre von Wesen und Wesensschau   42
    7. Eidetik, Phänomenologische Reduktionen und die Transzendentalphilosophie Edmund Husserls   49
    8. Phänomenologie und Reduktion bei Max Scheler und Ihr Sinn für die Analyse von Wert und Werterleben   67
    9. Schelers Konkrete phänomenologische Analyse des emotionalen Lebens   73

KAPITEL III: Max Schelers Wertphänomenologischer Ansatz und das Problem der Grundlegung der Ethik 90

10. Allgemeine Probleme der Grundlegung der Ethik 91
11. Apriorische Werterkenntnis und das Verhältnis der Sittlichen Werte zu den übrigen Materialen Werten 95
12. Intentionale Analyse von Streben und Seinem Korrelat 99
13. Analyse des Wertverwirklichungszusammenhanges als sittlichen Wertträgers 103
14. Sollen und Wert: wertphänomenologische Explikation des sittlichen Sollens 109
15. Person und Vorbild 114

SCHLUSSBETRACHTUNGEN 125

16. Kurze Zusammenfassung und Überblick dieser Arbeit 125
17. Einige kritische Bemerkungen und unsere künftige Aufgabe 131

LITERATURVERZEICHNIS 138

VERZEICHNIS DER ABKÜRZUNGEN

Husserl
Cart. Med.:   Cartesianische Meditationen und Pariser Vorträge.
Ideen 1:   Ideen zu einer reinen Phänomenologie und phänomenologischen Philosophie, Bd. I.
Ideen 2:   Ideen zu einer reinen Phänomenologie und phänomenologischen Philosophie, Bd. II.
Ideen 3:   Ideen zu einer reinen Phänomenologie und phänomenologischen Philosophie, Bd. III.
Krisis: Die Krisis der europäischen Wissenschaften und die transzendentale Phänomenologie.
Logische Untersuchungen, 1. A.:
     Logische Untersuchungen, 1. Auflage.
Logische Untersuchungen, 2. A.:
     Logische Untersuchungen, 2. Auflage.
Zeitbewußtsein: Zur Phänomenologie des inneren Zeitbewußtseins (1893–1917).

Kant
KrV.:   Kritik der reinen Vernunft.
KpV.:   Kritik der praktischen Vernunft.
KU.:   Kritik der Urteilskraft
Prol.:   Prolegomena zu einer jeden künftigen Metaphysik, die als Wissenschaft wird auftreten können.
GMS: Grundlegung zur Metaphysik der Sitten.
MS: Metaphysik der Sitten.
Beweisgr. Gottes: Der einzig mögliche Beweisgrund zu einer Demonstration des Daseins Gottes.

Negative Größe:	*Versuch, den Begriff der negativen Größen in die Weltweisheit einzuführen.*
Reflexionen:	*Reflexionen Kants zur kritischen Philosophie.*

Scheler

Formalismus:	*Der Formalismus in der Ethik und die materiale Wertethik.*
Sympathie:	*Wesen und Formen der Sympathie.*
Nachlaß I:	*Schriften aus dem Nachlaß,* Bd. I.

EINLEITUNG

Das Problem der Grundlegung der Ethik wurde am Anfang dieses Jahrhunderts mit der Frage nach der "naturalistic fallacy" in England [1] und durch einen phänomenologischen Versuch auf Grund der Werttheorie auf dem Kontinent [2] wiederum zu einem der brennenden Themen der gegenwärtigen philosophischen Besinnung.

Während es als ein zentrales Problem in der deutschen Philosophie seit Nicolai Hartmanns "Ethik" in Vergessenheit geraten und durch die "Existenzphilosophie" fast abgelöst zu sein scheint, drängt sich die philosophische Besinnung auf dieses Problem in Großbritannien und den Vereinigten Staaten auf der Basis der neu entwickelten "analytischen Philosophie" bis heute weiter in den Vordergrund [3]. Die wichtigsten Ergebnisse ihrer scharfsinnigen Analyse bieten vielleicht für unsere Fragestellung eine ganz neue Perspektive. Damit ist aber nicht gesagt, daß jene "analytisch-philosophischen Bestrebungen" die Frage nach dem Problem der Grundlegung der Ethik schon klar und eindeutig beantwortet hätten, sondern nur, daß sie die Streitfrage nun viel präziser herausgestellt haben. Dabei handelt es sich einerseits um die Bestimmung des Wesens von sittlich "Gut" und "Böse" und der Werte überhaupt, worüber sich "Intuitionisten" und "Reduktionisten"

[1] Wie wohl schon bekannt ist, hob G. E. Moore die "naturalistic fallacy" in seinem Werk *Principia Ethica* (S. 6-17 u.a.) hervor und glaubte, die naturalistischen sowie die metaphysischen Reduktionismen damit zurückzuweisen und einen utilitaristischen Intuitionismus zu begründen.

[2] Wenn auch verschiedene Versuche von den Neukantianern sowie von Franz Brentano unternommen worden sind, muß man Max Scheler auf diesem Gebiet den den Ausschlag gebenden Beitrag zusprechen.

[3] Unter der analytischen Philosophie bezüglich der ethischen Fragen verstehen wir im weitesten Sinne alle philosophischen Bestrebungen, die sich um die "meta-ethischen" Probleme (d.h. Probleme der Grundlegung der Ethik) auf Grund der sprachlichen und logischen Analyse bemühen.

oder, wie Frankena sie nennt, "Definisten" in den sowohl "naturalistischen" als auch "metaphysischen Richtungen" immer wieder streiten, andererseits um die Frage nach dem Kriterium der Sittlichkeit (bzw. des Sollens und des sittlichen Rechten usw.), worin sich immer noch die "deontologischen" und die "teleologischen" Gedankenlinien" (im weitesten Sinne verstanden) gegenüberstehen [4]. Nach dieser Klassifizierung kann man Max Scheler als "teleologischen Intuitionisten" im weitesten Sinne bezeichnen: durch das Mittel der Phänomenologie (Wertintuitionismus) und durch die kritische Auseinandersetzung mit der Philosophie Kants (Überwindung des monistischen Deontologismus Kants) versucht Scheler, die Ethik als eine selbständige wissenschaftliche (und zwar material-apriorische) Disziplin der Philosophie neu zu begründen.

Die vorliegende Arbeit stellt sich die Aufgabe, an Hand der Grundgedanken Max Schelers, die sich in seinem *magnum opus*, "Der Formalismus in der Ethik und die materiale Wertethik", darstellen, einen möglichen phänomenologischen Versuch zur Grundlegung der Ethik sowohl systematisch als auch kritisch-konstruktiv zu erforschen. Weder eine ausführliche Zusammenfassung von Schelers ethischen Grundgedanken im Sinne der Berichterstattung noch deren bloße innere Kritik mit Bedacht auf ihre Folgerichtigkeit ist unser Ziel. Vielmehr ist dieses den schöpferischen Geist immer wieder anregende und doch der klaren Durchsichtigkeit ermangelnde Werk von seiner inneren Notwendigkeit aus einer systematischen Auslegung zu unterziehen. Kritischkonstruktiv soll die Interpretation insofern sein, als unsere Untersuchungen über sie den Ansatz für die künftig zu entwickelnde systematische Herausstellung der allgemeinen Bedingung für die Möglichkeit der Ethik auf der phänomenologischen Basis bilden sollen. Die Legitimität unseres Versuchs reicht soweit, wie unser Entwurf zur Aufhellung jener allgemeinen

---

[4] Außer diesen vier möglichen Standpunkten im Hinblick auf das Problem der Grundlegung, die man "kognitiven" oder "deskriptiven" Theorien unterordnen kann, zeigt sich noch eine davon scharf zu unterscheidende Gedankenströmung der gegenwärtigen sittlichen Philosophie, die die "non-kognitive" oder "non-deskriptive" Theorie genannt werden kann. Dazu gehören solch radikale Philosophen wie Ayer und der frühere Carnap, Stevenson mit der etwas gemäßigten Zugangsart bis zu den sogenannten "therapeutischen Positivisten."

Vgl. Werkmeister, *Theories of Ethics*, S. 17; Raphael, *Moral Judgement*, S. 180ff; Prior, *Logic and the Basis of Ethics*, S. 11 und Frankena, *Ethics*, S. 88ff.

Frage nach der Fundamentalbedingung beiträgt. Deswegen gilt auch der Vollzug unserer Auslegung selbst als die Antwort auf die Frage, warum der Schelersche Versuch vor allem in Angriff zu nehmen ist.

Jede Form von Ethik hat bestimmte Grundlagen. Dieser Tatbestand gilt für sie wie für jede philosophische Disziplin und für jede Form von Wissenschaft, weil es sich dabei um die systematische Erkenntnis handelt. Diese Grundlage selbst kann in ihrem Aufbau thematisch nicht bedacht, muß aber als unerläßlich durchgedacht und zum Gebrauch verfügbar sein. Die Grundlage in diesem Sinne bleibt also unthematisch, funktioniert aber dennoch als das Medium, wodurch und worin sich der Aufbau einer wissenschaftlichen Disziplin vollzieht.

Beispielsweise machen die Meta-Sprache und bestimmte logische Verfahren die Grundlage für den Aufbau eines propositionalen Kalküls aus. Ihrer Gegenstandssprache gegenüber bleibt die Meta-Sprache a-thematisch operierend [5] im Schatten dieses Systems, d.h., sie wird innerhalb des Kalküls nie thematisch zum "Gegenstand der Beweise". Um diese Grundlage ans Licht zu ziehen, bedarf es also eines anderen Gesichtspunktes und dementsprechenden Blickfeldes. Die sich auf diesen "operativen Horizont" beziehende Thematik heißt die Grundlegung. Das philosophische Denken ist aber seinem Wesen nach nie vollendet, solange es sich dabei um die systematische Erkenntnis handelt, da seine Grundlegung sich nie endgültig mit logischer Konsequenz abschließen läßt. Das innere Erfordernis der Philosophie drängt sie doch immer tiefer ins "Unausdenkliche" zurück. Ein deutlicher Beweis dafür ist in der Unabschließbarkeit der phänomenologischen Reduktion zu erkennen; die Entdeckung dieser darf einer der größten Beiträge der phänomenologischen Philosophie Edmund Husserls genannt werden [6].

Unsere Aufgabe, wie schon oben gezeigt, ist die explikative Interpretation eines möglichen phänomenologischen Weges zur Grundlegung der Ethik auf Grund des Versuchs Schelers. Die Möglichkeit unserer Interpretation besteht nun in dieser wesent-

---

[5] Der Begriff "operativ" (bzw. "operierend") versteht sich nicht im Sinne des Operationalismus, sondern im ähnlichen Sinne, wie Fink ihn gebracht.
Vgl. E. Fink, *Operative Begriffe in Husserls Phänomenologie*.
[6] Husserl, *Krisis*, S. 359; Merleau-Ponty, *Phénoménologie de la perception*, S. X (nähere Angaben über zitierte Werke s. Literaturverzeichnis).

lichen Reiterierbarkeit, der reduktiven Enthüllung der Vorbedingung für die Grundlegung der Ethik selbst. Die Grundlegung der Ethik als das Thema des Schelerschen Versuchs auszulegen, beinhaltet eine doppelte Aufgabe. Auf der einen Seite richtet sich der thematisierende Blick auf den operativen Horizont, d.h. auf die vorausgesetzte Vorbedingung für die eigentliche Thematik, wodurch und worin allein sich das Thema als solches in der vermittelnden hintergründigen Verschattung hervorhebt und erforscht wird. Auf der anderen Seite befaßt sich unsere interpretative Erläuterung mit der Spannung der Zusammenhänge zwischen dem zugrundeliegenden Fundament (der Grundlage der Ethik) und der vorgeschriebenen Möglichkeit für die konkrete Systematisierung der philosophischen Ethik. In dieser Spannung ist die Grundlegung durchzuführen, was besagt, daß nur unter der vorhergehenden Enthüllung dieser zwei zugrundeliegenden Problemhorizonte der konkrete Vollzug der Grundlegung Max Schelers thematisch interpretiert werden kann. Dementsprechend befassen sich die vorangehenden Untersuchungen mit den "operativen Horizonten". In den ersten zwei Kapiteln sind sonach die verborgenen Vorbedingungen sowie die ausdrücklich formulierten Voraussetzungen für den Versuch Schelers hinsichtlich ihrer Operativität systematisch aufzuweisen.

Am Ausgangspunkt unserer Explikation bemühen wir uns, zunächst im ersten Kapitel die Auseinandersetzung Schelers mit Kant darzustellen. Dabei wird gezeigt, daß der fundamentale Zugang Schelers zum Problem der Grundlegung schon durch seine Stellungnahme zur Philosophie Kants vorgangig bestimmt ist. Die sogenannte Überwindung des Formalismus Kants durch die "Entdeckung" von Voraussetzungen seiner Lehre wird als das Motiv Schelers für einen eigenartigen "teleologischen Intuitionismus" herausgestellt. Im zweiten Kapitel erörtern wir den entscheidenden positiven operativen Horizont, d.h. die Methode Schelers, im weitesten Sinne verstanden. Die Phänomenologie – bzw. die phänomenologische "Erfahrung" für sich – ist in diesem Schelerschen Bemühen thematisch niemals bedacht worden. Ohne Zweifel beruht die positive Grundlage von Schelers Versuch auf der "phänomenologischen Gegebenheit" und den "phänomenologischen Wesenszusammenhängen". Mit der besonderen Rücksicht auf die Wissenschaftlichkeit der Phänomenologie, die wir in die Phänomenalität des "Phänomens" der Phänomenologie suchen werden, kommen wir durch Aufschließen der verschwiegenen Voraussetzungen der Phänomenologie und phänomenologischen Philosophie thematisch zur Erforschung der Grundlage der Schelerschen Phänomenologie. Durch die Anwendung der "phänomenologischen Erfahrung" auf den Bereich des emotionalen Lebens gewinnt Scheler die Möglichkeit, auf der Basis der "apriorischen Erkenntnis" die Grundlegung positiv durchzuführen. Dabei ist aber vorausgesetzt, daß alle ethischen Grundbegriffe bzw. alle Wertprädikate und die darauf bezogenen Urteile, um überhaupt sinnvoll zu sein, ohne weiteres zur unmittelbaren Gegebenheit gebracht werden müssen. Das war einmal das Leitmotiv der Zeit, zu welchem sich nicht nur Scheler und andere Phänomenologen, wie Husserl selbst, sondern auch die sogenannte Wiener Schule des logischen Positivismus bekannten. Dieses gemeinsame Prinzip des radikalen Intuitionismus, sei es apriorisch, sei es empirisch verstanden, findet aber in seiner ursprünglichen Form keine Bestätigung, noch ist es begründbar. Vielmehr mag es ein Produkt des spekulativen Denkens gewesen sein.

Darüber hinaus geht unsere Untersuchung zweitens auf den Problemhorizont der Werte überhaupt aus. Bei Schelers Unternehmen, aufgrund der Axiologie die apriorische materiale Wertethik zu entwickeln, handelt es sich um eine systematische Ausarbeitung und um eine philosophische Begründung der apriorischen Objektivität der Werterfahrung und ihrer Zusammenhänge. Wie aber Scheler selber ausdrücklich sagt, ist im "Formalismus" nur das berücksichtigt, was sich auf das Problem der Grundlegung der Ethik überhaupt bezieht, indem Schelers Wertlehre nur ein Aufriß bleibt. In diesem Zentralbereich ist es darum unsere Aufgabe, die Frage nach der allgemeinen Möglichkeit zu stellen, wie aufgrund der Werttheorie Schelers eine systematische allgemeine Wertlehre als eine gültige philosophische Disziplin zu entwickeln und daraus ferner die Konsequenz systematisch zu ziehen ist. Das heißt, wir bemühen uns, die nicht nur erkenntnistheoretische, sondern auch ontologische Problematik der allgemeinen Axiologie kritisch im Vergleich mit dem, was sich als Konsequenz aus der Skizze der Schelerschen Wertlehre ergibt, aufzuzeigen. Dadurch schließt sich die fundamentale Bedingung für die apriorische materiale Wertethik Max Schelers reduktiv auf.

Drittens soll sich nun auf dem letzten Problemhorizont ergeben, auf welcher Grundlage, unter welchen Bedingungen, durch welches Verfahren und vor allem inwieweit die sogenannte "materiale Wertethik" Schelers dennoch tatsächlich und philosophisch begründet ist. Da die vorethischen Bedingungen dafür schon vorhergehend erörtert sind, wird jetzt die auf den eigentlich ethischen Bereich bezogene Problematik in Betracht kommen. An Hand des Schelerschen Versuches fragt sich ferner, ob nicht nur logisch, sondern auch philosophisch überhaupt nur eine einzige normative Ethik im Gegensatz zu verschiedenen Moralen bestehen kann, oder ob es vielmehr verschiedene "Methoden" gibt und damit die Möglichkeit besteht, unterschiedliche Systeme der Ethik aufzubauen [7]. Ferner ist es dann erforderlich zu erforschen, ob die Grundlegung zur Ethik überhaupt keiner spekulativen "Metaphysik" bedürftig ist [8].

Zum Schluß wird sich daraus die Möglichkeit ergeben, auf die Herausstellung der allgemeinen Bedingung der Möglichkeit der Ethik einzugehen.

---

[7] "Methode" versteht sich hier in dem Sinne, wie Sidgwick sie in verschiedenen Versuchen der Grundlegung der Ethik entwickelt.
Vgl. H. Sidgwick, *The Methods of Ethics*, S. V ff.; vgl. D. Daishes Raphael, *Moral Judgement*, S. 19.

[8] Für die Grundlegung der Mathematik scheinen drei verschiedene "metaphysische" Stellungnahmen nicht nur möglich, sondern erforderlich zu sein: Logizismus, Intuitionismus, Formalismus.
Vgl. Willard v. O. Quine, *From a Logical Point of View*, S. 103, besonders S. 127–129. Vgl. auch O. Becker, *Grundlagen der Mathematik*, S. 317ff.

KAPITEL I

DIE AUSEINANDERSETZUNG
SCHELERS MIT KANT

Es muß zunächst begründet werden, warum wir in diesem Problem den Ansatz zu unserer Auslegung finden. Dies geschieht durch die Herausstellung dessen, daß das Fundamentalmotiv Schelers für die Grundlegung zur Ethik darin besteht, die angeblich absolute Dichotomie zwischen dem apriorischen Formalismus und dem aposteriorischen Materialen in der Ethik aufzuheben, um den dritten, davon völlig unabhängigen Weg, d.h. den Weg der apriorischen Materialethik, zu eröffnen. Auf der einen Seite ist Scheler mit Kant derselben Auffassung und sagt, "daß Kant mit vollem Recht jede Güter- und die Zweckethik als von vornherein verfehlt zurückweist" [1], weil dieselbe das Kriterium für das sittliche Gut und Böse von dem besonderen zufälligen Dasein abhängig macht. Das gilt auch für den Eudaimonismus. Damit teilt Scheler mit Kant seine Kritik jeder im empirischen Bezug gründenden materialen Ethik. Darin erschöpft sich auch schon seine Stellungnahme sowohl zur vorkantischen als auch zur nachkantischen materialen Ethik [2].

Auf der anderen Seite aber will Scheler unbedingt die apriorische formale Ethik zurückweisen, wenn er überhaupt die Möglichkeit der apriorischen Wertethik aufschließen will. Diese Aufgabe führt Scheler zu den ursprünglichen Voraussetzungen Kants zurück, worunter und wodurch die Dichotomie zustande kommt. Schelers Kritik Kants bezieht sich nicht auf das, was sich an Konsequenzen aus dessen Philosophie ergibt, sondern sie geht viel mehr zurück auf die Bedingungen für die ethische Lehre Kants und ferner auch im allgemeinen für seine philosophische Besinnung überhaupt, die ausdrücklich oder implizit vorausgesetzt

---
[1] *Formalismus*, S. 32.
[2] a.a.O., S. 31; vgl. auch S. 9ff.

sind. Denn wenn man diese Bedingungen aufnimmt, muß man folgerichtig entweder deren Konsequenzen akzeptieren oder kann höchstens der Folgerichtigkeit nach eine innere Kritik daran üben, aber keineswegs ist eine radikale Kritik möglich.

Dabei ist nötig zu bemerken, daß das Grunderfordernis, das Scheler zur Grundlegung der Ethik heranzieht, nichts anderes als der Anspruch Kants auf die Apriorität und die Autonomie der Sittlichkeit ist, wobei verschiedene Zugänge verschiedene Lösungen haben hervorbringen müssen.

§ 1. SCHELERS KRITIK DER ALLGEMEINEN VORAUSSETZUNGEN KANTS

Schelers Stellungnahme zur Philosophie Kants im allgemeinen befaßt sich mit verschiedenen Aspekten der Grundlage vom System Kants. Die allgemeinen Voraussetzungen Kants, auf welche Schelers Kritik ausgeht, unterscheiden sich wie folgt: a) die methodologische, b) die psychologische, c) die erkenntnistheoretische, d) die ontologische, e) die logische Voraussetzung.

a. Die methodologische Voraussetzung

Im Gegensatz sowohl zu der dogmatischen Philosophie des Leibniz-Wolffschen Rationalismus als auch zu der skeptischen Philosophie des britischen Empirismus zielt die kritische Philosophie Kants auf die Beurteilung der Vernunft, die Läuterung ihrer Quellen (Existenzgrund) und Grenzen (Rechtsgrund). Durch die Kritik der reinen Vernunft kann erst eigentlich die transzendentale Frage gestellt werden [3]. Das heißt, durch sie und über sie wird erfragt, wie und woraus, also unter welchen Bedingungen synthetische Erkenntnis a priori möglich ist. Hier handelt es sich um eine bestimmte Erkenntnis, die Kant transzendental nennt. Sie beschäftigt sich mit der Frage nach Ursprung und Umfang, Bedingung und Geltung dieser Erkenntnis a priori. Daher ist sie nimmermehr das Wissen um einen eigenständigen Gegenstand, sondern vielmehr die Reflexion über die Möglichkeitsbedingungen

---

[3] Nicht von ungefähr setzt Kant stellenweise den Begriff "transzendental" dem der "Kritik" gleich. Diese ist nur möglich, soweit die Kritik der Philosophie im oben genannten Sinne als die Kritik der Vernunft verstanden wird. Vgl. *Prol.*, S. 293.

der synthetischen Erkenntnis a priori von Gegenständen [4]. Diese ist so prinzipiell verschieden von ersterem, daß sie, ob sie schon Erkenntnis a priori ist, weder synthetisch noch analytisch sein darf [5]. Sie bezieht sich ja nur **erläuternd** auf das Faktum der Vernunft und dient keineswegs zur Erweiterung unserer Erkenntnisse [6]. Die Bestandsmöglichkeit dieses Faktums selbst ist von Kant nie zur Frage gemacht worden, sie wird lediglich als unentbehrlich (als Medium) vorausgesetzt. Ohne diese Voraussetzung als operativen Begriff verliert die transzendentale Kritik Kants ihr Fundament. Ganz ebenso verhält es sich auch mit dem Faktum der praktischen Vernunft.

Besonders hierauf richtet Scheler seine Kritik vom phänomenologischen Standpunkt her. Nach Scheler kann das Kantische Sittengesetz, wenngleich "es sich für sich selbst uns aufdringt als synthetischer Satz a priori, der auf keiner, weder reiner noch empirischer, Anschauung gegründet ist", keinesfalls ein Faktum sein [7]. Denn "Faktum" heißt nach Scheler allein die in der Anschauung prinzipiell zu gebende und gegebene Tatsache. Die Faktizität des Faktums ist damit der intuitiven Gegebenheit gleichgesetzt [8].

Was davon unsere Erörterung angeht, ist die methodologische Tatsache, daß es bei Kant an einer transzendentalen Reflexion im phänomenologischen Sinne mangelt. Kant lehnt eine Reflexion ab, die sich durch die phänomenologische Reduktion als ein intuitives Erfassen, das seinen Gegenstand als Faktum geben kann, begründet. Statt eines Gebrauchs der phänomenologischen Reflexion gerät die transzendentale Methode Kants, soweit sie auf ihre eigene Rechtfertigung abzielt, in einen Zirkel hinein. Die Be-

---

[4] "Ich nenne alle Erkenntnis transzendental, die sich nicht sowohl mit Gegenständen, sondern **mit unserer Erkenntnisart von Gegenständen, insofern diese a priori möglich sein soll**, überhaupt beschäftigt".
KrV. A., S. 12; B., S. 25.
[5] Der Kantischen Terminologie gemäß muß die transzendentale Erkenntnis für die spekulative Erkenntnis a priori gelten.
Vgl. *KrV.* A., S. 10; B., S. 23; A., S. 15; B., S. 29.
Als das Urteil (bzw. die Erkenntnis) der Meta-Sprache bleibt sie außerhalb dieses Unterschiedes, dient als erläuterndes "Mittel" zur Analyse unserer Erkenntnis.
[6] Vgl. *KrV.* A., S. 11f.; B., S. 25f.
[7] *KpV.*, S. 31.
[8] So stellt sich Schelers erkenntnistheoretische (oder methodologische) Auffassung radikal der Kantischen praktischen, daß das Sittengesetz in seiner Selbstgebung der praktischen Vernunft als gegeben angesehen und ausgelegt werden kann, gegenüber.
Vgl. *KpV.*, S. 31.

dingungen einer Erkenntnis a priori bedürfen zur Rechtfertigung ihrer Bestandsmöglichkeit und Gültigkeit nämlich notwendig selber wiederum der Begründung. Diese kann, insofern sie nicht zum unendlichen Regreß führen soll, nur eine zirkelhafte Selbstbegründung sein. Gegen diese methodologische Voraussetzung des Kantischen Idealismus wendet sich Schelers Kritik.

b. Die psychologische Voraussetzung

Kant formuliert die Einteilung der Funktionen des Gemütsvermögens unter dem Einfluß der zeitgenössischen Psychologie. Er setzt eine Zweiteilung in "das obere und das untere Vermögen" nach dem Beispiel Christian Wolffs voraus. Seine Dreiteilung in "Erkenntnis, Gefühl und Begehrung" weist dagegen auf Tetens Psychologie zurück. Kants Einteilung der Gemütsvermögen gestaltet sich im einzelnen wie folgt [9]:

Gemütsvermögen	*Erkenntnis*	*Gefühl*	*Begehrung*
unteres:	Sinnlichkeit	Lust und Unlust	Begierde
oberes:	Verstand (Verstand, Urteilskraft und Vernunft)	Geschmack	Wille

Die Sinnlichkeit als das untere Erkenntnisvermögen heißt, "die Fähigkeit (Rezeptivität), Vorstellungen durch die Art, wie wir von Gegenständen affiziert werden, zu bekommen" [10]. Dagegen ist der Verstand das obere Erkenntnisvermögen und ist definiert als das Vermögen, spontan "Vorstellungen selbst hervorzubringen" [11]. Er bringt die Mannigfaltigkeit von Vorstellungen zur Einheit. Der Verstand im weiteren Sinne zerfällt in drei Teile: der Verstand im engeren Sinne als das Vermögen des Begriffes, die Urteilskraft als das des Urteilens und die Vernunft als das des Schließens. Dieser Verstand verleiht dem Erkenntnisvermögen gemäß der Natur die Grundsätze. Die Urteilskraft als oberes Gefühlsvermögen gibt dem Geschmack die Regeln. Die (praktische) Vernunft legt sich selbst (Wille) das Sittengesetz auf.

[9] Kuki, *Kinsei Tetsugaku-shi ko*, Bd. II, S. 34 u. 35.
[10] *KrV*. A., S. 19; B., S. 33.
[11] *KrV*. A., S. 51; B., S. 75.

Diese psychologische Voraussetzung zeigt sich aber nicht als die, welche thematisch von Scheler der Kritik unterzogen wird, sondern fungiert operativ mit der methodologischen als die "Quelle" für andere, auf welche Schelers Stellungnahme ausdrücklich abzielt.

c. Die erkenntnistheoretische Voraussetzung

Unmittelbar aus der Unterscheidung des Gemütsvermögens ergibt sich die erkenntnistheoretische Voraussetzung in bezug auf die Frage erstens nach dem Zusammenhang zwischen der Sinnlichkeit und dem Verstand, zweitens die Frage nach ihrem Wesen und drittens die Frage nach ihren Aufgaben.

Nicht im Grade, sondern in der Art sind beide voneinander als das obere und das untere Erkenntnisvermögen wesentlich unterschieden. Die Sinnlichkeit ist das Vermögen der Anschauung, der Verstand das des Denkens (bzw. der Begriffe). Was in der Anschauung gegeben wird, ist seiner Materialität gemäß die sinnliche, individuelle Vorstellung. Dagegen befaßt sich der Verstand mit nicht-sinnlichen allgemeinen Vorstellungen. Die Anschauung bezieht sich unmittelbar auf Gegenstände, während der Verstand sich nur mittelbar, nämlich über die sinnlichen Vorstellungen, auf dieselben bezieht.

"Durch Anschauungen werden uns Gegenstände gegeben, durch Begriffe werden sie gedacht" [12]. Die Sinnlichkeit als das Anschauungsvermögen ist ausschließlich passiv (i.e. Rezeptivität der Anschauung), sie wird affiziert. Der Verstand als das Vermögen der Begriffe hingegen ist dagegen exklusiv aktiv (i.e. Spontaneität des Verstandes – die Funktion der Begriffe). Zur Erkenntnis im prägnanten Sinne reicht keine der beiden Vermögen für sich allein. Jedes von ihnen ist auf das andere angewiesen, wenn Erkenntnis zustande gebracht werden kann. "Anschauungen ohne Begriffe sind blind (bzw. formlos, unverständlich), Begriffe ohne Anschauungen sind leer (bzw. inhaltlos)". Die Sinnlichkeit verschafft unserer Erkenntnis den anschaulichen Inhalt, dem der Verstand die Form gibt. Darin zeigt sich also klar, daß der Verstand formal (i.e. formend) ist, während die Anschauung material ist.

Auf diesen Zusammenhang bezugnehmend, übt Scheler an

[12] *KrV*. A., S. 50; B., S. 74.

Kant seine sehr radikale Kritik. Scheler wendet sich gegen Kant hinsichtlich der Beschränkung der Anschauung auf die bloß sinnliche Seite der Erkenntnis. Scheler begründet seine Herausstellung mit dem phänomenologischen Tatbestand, daß jeder intentionale Akt Träger von Erkenntnisvermögen sein kann. Alles intentionale Erlebnis ist Erkenntnisakt und vice versa [13]. Damit wird ferner nicht nur deutlich, daß insofern sowohl rationale als auch emotionale Akte als Erkenntnisakte gleichberechtigt sein müssen, wie auch, daß sie intentional auf das Gegenständliche bezogen sind, sondern auch, daß die "phänomenologische Anschauung" bzw. die sogenannte "Wesensschau" als eines von den wichtigeren Erkenntnisvermögen anzusehen ist und nicht nur als das rein methodologische Unternehmen der Reflexion. Die Wesensschau kann entweder rational oder arational (i.e. emotional) sein. Der Charakter dieser Wesensschau wird sichtbar in der Gegebenheitsweise ihres Gegenstandes. Wesensschau, i.e. die phänomenologische Anschauung, heißt der Akt, welcher das Wesen intuitiv unmittelbar erfaßt und erschaut. Wesensschau ist weder "empirische" noch "reine Anschauung" im Kantischen Sinne (welche aber mit der Sinnlichkeit beider zu tun hat, sei es material, sei es formal). Wesensschau ist vielmehr ein intuitiver Akt, worin sich das Gemeinte und das Gegebene unmittelbar vereinen. Auf diese Weise weist Scheler von Anfang an radikal die epistemologische Voraussetzung Kants hinsichtlich der Abgrenzung und Einteilung unseres Erkenntnisvermögens zurück. Damit kann Scheler den ersten Schritt in Richtung auf die Herausstellung der eigenständigen Wertlehre und der darauf fundierten materialen Wertethik tun.

d. Die ontologische Voraussetzung

Scheler greift nun auf die Frage nach dem Ursprung und nach dem Grund zurück, woher und warum Kant zu dieser erkenntnistheoretischen Voraussetzung kommt, die den Zusammenhang, das Wesen und die Aufgabe unseres Erkenntnisvermögens bestimmt, indem dies auf die Sinnlichkeit und den Verstand beschränkt ist. Scheler versucht aufzuweisen, daß sich die epistemologische Voraussetzung ursprünglich auf das naive "ontologische" Seinsverständnis gründet. Kants "Seinsverständnis" be-

---

[13] Hartmann, *Metaphysik der Erkenntnis*, S. 487 u. 488.

zeichnet Scheler wesentlich als "Weltfeindschaft", "Welthaß" und "Mißtrauen in alles Gegebene" [14]. Nach Kant ist der reine Inhalt der Erfahrung bzw. der sinnlichen Anschauung blind, unverständlich, sinnlos, ungeordnet. Die Welt als gegeben ist chaotisch, das ist die Konsequenz der sogenannten kopernikanischen Wendung Kants. Scheler behauptet: "... diese Haltung (i.e. die Gesamthaltung Kants zur Welt) kann ich nur mit den Worten einer ganz ursprünglichen 'Feindseligkeit' zu oder auch mit 'Mißtrauen' in alles 'Gegebene' als solches, Angst und Furcht vor ihm als dem 'Chaos' bezeichnen... "die Welt da draußen und die Natur da drinnen"..." [15]. Für Kant, so argumentiert Scheler, ist es die Auffassung des Verstandes, die es ihm gestattet, über Humes Begriff der Natur zum Naturbegriff Newtons zu gelangen. Durch den Verstand muß, was chaotisch ist, geformt und organisiert werden. Die "Humesche Natur bedurfte eines Kantischen Verstandes, um zu existieren" [16]. Scheler erkennt sonach, daß die konstitutive Rolle des Verstandes sich für Kant aus seinem Seinsverständnis notwendigerweise ergibt. Mit anderen Worten: das in der sinnlichen Anschauung Gegebene ist für sich noch keineswegs Erkenntnis nach Kant, der blinden und chaotischen Sinnlichkeit fehlt jede Allgemeingültigkeit und Notwendigkeit. Was den synthetischen Urteilen a priori objektive Realität verleiht, ist der reine Verstandesbegriff, die Kategorie. Vorausgesetzt ist dabei: "Die Bedingungen der Möglichkeit der Erfahrungen überhaupt sind zugleich Bedingungen der Möglichkeit der Gegenstände der Erfahrung und haben darum objektive Gültigkeit in einem synthetischen Urteil a priori" [17]. Scheler wendet sich gegen das in diesem Ansatz Kants von ihm gesehene naive Seinsverständnis, das nach seiner Meinung allein dem "konstitutiven Charakter" der Verstandesbegriffe unterlegt ist. Scheler richtet sich hiermit auch gegen die damit zusammenhängenden psychologischen und erkenntnistheoretischen Voraussetzungen. Es läßt sich erkennen, daß die genannte Kantkritik für Schelers eigenen Ausgang von großer Bedeutung sein muß. Sie muß notwendig zu einer andersartigen Fassung des Apriori

---

[14] *Formalismus*, S. 88.
[15] ebenda.
[16] *Der Formalismus*, S. 87.
[17] *KrV*. A., S. 158ff.

führen und infolgedessen auch ihre Auswirkungen für die Grundlegung einer Werttheorie zeitigen.

e. Die logische Voraussetzung

Mit Kants Betonung des konstitutiven Charakters des Verstandes stehen im engen Zusammenhang seine logischen Voraussetzungen. Ganz selbstverständlich wird bei Kant in der transzendentalen Analytik die Systematik der sogenannten allgemeinen Logik vorausgesetzt. Ihr entspricht nicht nur die Systematik der transzendentalen Logik, sondern die erstere wird der letzteren bei der Ableitung zugrundegelegt [18]. Es sind nicht nur die logischen Formen der Urteile (über die sich die Aufdeckung der Kategorien vollzieht), sondern auch die Schlußformen (die das Auffinden der Grundsätze ermöglichen), die als fraglos vorausgesetzt werden. Angenommen wird ferner, daß alle Urteile an sich notwendigerweise in solche synthetischer und solche analytischer Art zerfallen. Obschon dieser Unterschied bei Kant nur eine "metaphorische" Erklärung findet, wird an ihm als einem objektiven und gültigen festgehalten [19]. Mit diesem logisch orientierten Zugang Kants zur transzendentalen Philosophie ist Kant gezwungen, grundsätzlich alle Erkenntnisse auf die Formen von Urteilen zurückzuführen, was schon daran zu erkennen ist, daß die Kategorien als "Verknüpfungsbegriffe" von den Urteilsmodi abgeleitet werden. Von daher versteht es sich, wenn Kant den Begriff der Erkenntnis im prägnanten Sinne mit dem der synthetischen Urteile a priori gleichsetzt.

Demgegenüber bemüht sich Scheler nachzuweisen, daß Erkenntnis in urteilsmäßiger Form nicht primär, sondern sekundär ist. Ein Urteil oder eine Aussage kann nur dann wahr, d.h. eine wahre Erkenntnis sein, wenn es durch die "faktische" Gegebenheit erfüllt ist. Damit stellt Scheler fest, daß es sich bei der Erkenntnis nicht um logische Urteilsformen, sondern um Gegebenheitsweisen handelt, die zu befragen sind. Nach Scheler wie nach Husserl bedeutet Urteil nichts anderes als "Thesis", "Setzung", "Satz", dem – phänomenologisch gesprochen – auf der noetischen Seite stets ein "thetischer", setzender, d.h. "positionaler" Akt

[18] *KrV.* A., S. 79; B., S. 104f. und A., S. 130ff.; B., S. 169ff.
[19] Das Problem der Analytizität und der Unterschied zwischen analytischen und synthetischen Urteilen wird weiter unten erörtert. Vgl. zu diesem Problem: Quine, Hempel, Carnap, Pap.

wesensnotwendig vorausgeht. Gegenüber der Erkenntnislehre Kants liegt das phänomenologische Wahrheitskriterium dieser "Position" nicht im Vollzug dieses Aktes, sondern im Modus der Gegebenheit, den die Position erfüllt [20]. Die letzte Frage der Phänomenologie Edmund Husserls, so darf vereinfachend gesagt werden, dreht sich um die Explikation (Auslegung) des "Urlogos", d.h. des Vorlogischen, also um die Bedingungen der Möglichkeit des "Logos". Was das Problem der Gegebenheitsweise von Erkenntnisgegenständen anlangt, so wird im Nachfolgenden Gelegenheit genommen werden, darauf einzugehen.

§ 2. SCHELERS KRITIK DER AXIOLOGISCH–ETHISCHEN VORAUSSETZUNGEN KANTS

In bezug auf eine Durchleuchtung der axiologisch-ethischen Voraussetzungen der praktischen Philosophie Kants erweist es sich als methodisch zweckmäßig, unter ihnen zwischen solchen allgemeiner und solchen besonderer Art zu unterscheiden. Freilich wird damit nicht unterstellt, es könnte sich diese Unterscheidung auf eine sachliche Trennung zwischen den genannten Voraussetzungsgruppen oder gar auf eine von Kant selbst durchgeführte Distinktion berufen. Die genannte Differenzierung erweist sich nur als methodologisch insofern wertvoll, als sie zur Erhellung der Grundlagen der axiologisch-ethischen Lehre Schelers wesentlich beizutragen vermag. Um es nochmals zu betonen: es wird im folgenden nirgends unterstellt, man könne Kants Philosophie anders als in ihrer systematisch integrierten Einheit würdigen. Dies besagt, daß alle herauszuhebenden Voraussetzungen naturgemäß in ihr organisch verwachsen sind und nur in dieser Verschmelzung die Grundlage der Transzendentalphilosophie ausmachen.

Beziehen wir uns nach dieser notwendigen Einschränkung auf die von Scheler selbst herausgearbeiteten Voraussetzungen [21] der Kantischen Sittenlehre, dann erweist sich diese zuerst darin, daß Kant einen scharfen Gegensatz zwischen Vernunft und Empirie

---

[20] *Ideen* I, S. 274.
[21] Zu Schelers eigener Untersuchung der genannten Kantischen Voraussetzungen vgl. *Formalismus*, S. 30f.

statuiert [22]. Unter hermeneutischem Aspekt erweist sich der Begriff des Nicht-Empirischen (des Apriorischen) als der Begriff des a) von der Erfahrung unabhängigen sowie b) des die Erfahrung bedingenden und schließlich c) des konstitutiv Vernünftigen. In letzterer Beziehung meint es sowohl die konstituierende als auch die selbstgesetzgebende Vernunft [23]. Eine andere der Kantischen Voraussetzungen ist darin zu sehen, daß Kant innerhalb des sittlichen Bereichs ebenso wie auf dem Gebiet der theoretischen Philosophie das **Empirische** mit dem **Materialen** und das **Rationale** mit dem **Formalen** gleichsetzt und überdies die ausgedrückte Gegensätzlichkeit zwischen den beiden Begriffspaaren selbstverständlich für objektiv geltend erachtet. Als eine dritte dieser Voraussetzungen Kants muß genannt werden, daß er Anspruch auf die **absolute Geltung der Sittlichkeit** erhebt, wobei dem empirischen Material gegenüber (das für zufällig und individuell genommen wird) allein das Vernünftig-Formale zur Bestimmung des Sittlichen imstande sein soll [24].

Sofern man unterstellen darf, daß das Problem der dritten Antinomie als eine zentrale Frage schon für die Konzipierung der "Kritik der reinen Vernunft" von maßgeblichem Einfluß war, so muß auch anerkannt werden, daß schon von jener her der mögliche Weg zum Aufbau der eigentlich ethischen Lehre Kants positiv vorbereitet wurde [25]. Mehr noch: der grundlegende Aufriß der Kantischen Ethik ist wesentlich mitbedingt dadurch, daß Kant in der "Kritik der reinen Vernunft" der Naturnotwendigkeit nicht bloße Zufälligkeit, sondern die Freiheit (die nicht bedingte Kausalität, die Autonomie der praktischen Vernunft) entgegenstellte. Folgerichtig tritt denn auch in der "Kritik der praktischen Vernunft" der Begriff der Freiheit in die Rolle – man könnte sagen – der "ratio essendi" für das Sittengesetz ein und wird so zur Möglichkeitsbedingung dafür, Ethik auf dem Boden einer Selbstgesetzgebung der Vernunft konstitutiv zu errichten.

[22] Im Unterschied zu der hier notwendigen Betonung des Gegensatzes bezog sich der vorhergehende § 1 (vgl. S. 11ff dieser Arbeit) lediglich auf die Verschiedenheit in der Funktion von Sinnlichkeit und Verstand.
[23] Auf diese Frage wird näher im Zusammenhang mit dem Begriff des Apriori im nächsten Paragraphen dieser Arbeit einzugehen sein.
[24] Vgl. N. Hartmann, *Ethik*, S. 104ff.
[25] Vgl. Kants Brief an Garve vom 21.9.1798.
"Positiv" muß Kants Versuch hier darum heißen, weil über den Begriff der Freiheit versucht wird, die praktische Vernunft als Grund der Sittlichkeit zu erweisen und den kategorischen Imperativ als deren Kriterium zu rechtfertigen.

In enger Beziehung zu diesem rationalistischen Zugang zum Bereich des Sittlichen steht Kants formalistischer Apriorismus. Am Maßstab der Forderung der Allgemeingültigkeit versucht Kant einen Entscheid über das wahre Fundament der Sittlichkeit, d.h. über ihre mögliche Gründung auf reine Vernunft oder Empirie zu treffen. Das Urteil wird gefällt, indem jeder Versuch einer Begründung auf Empirie als unzulänglich erklärt wird und dem formalistischen Rigorismus (der deontologischen Autonomie der Sittlichkeit) das Feld überlassen bleibt.

Infolge dieser Entscheidung weist Kant nicht nur die sogenannte Güterethik, die Zweckethik, sondern in eins damit diejenige Wertethik zurück, die nach Scheler trotz ihrer Materialität von der bloßen Zweckethik als grundverschieden anzusehen ist [26]. Von Kant wird jede materiale Ethik ohne weiteres mit dem Signum des empirischen Ursprungs versehen. Dies heißt mit anderen Worten, daß sie nur a posteriori begründet sein kann und eben deswegen der erforderlichen Allgemeingültigkeit ermangelt; jener unbedingten Allgemeingültigkeit nämlich, der nicht nur die Menschheit, sondern jedes Vernunftwesen schlechthin unterworfen sein soll [27].

Schelers kritische Stellungnahme zur praktischen Philosophie Kants wendet sich zunächst gegen dessen geschilderte Zurückweisung der materialen Wertethik.

Es ist insbesondere die Kantische Gleichsetzung aller materialen Wertethik mit bloßer Güter- bzw. Zweckethik, die Scheler zurückweist. Die Unterstellung einer solchen Identität geschähe, so argumentiert er, nur dann zu Recht, wenn die materialen Werte als von Gütern abstrahiert angesehen werden müßten oder als deren "Wirkungen auf unsere Gefühlszustände" in Erscheinung träten. Scheler sieht, daß Kant einer "naturalistischen" Auffassung bezüglich der materialen Werte huldigt und bemüht sich darum, die Selbständigkeit und Unabhängigkeit des Wertphänomens von der empirisch "induktiven Erfahrung" zu erweisen [28].

[26] Güter- bzw. Zweckethik heißt eine solche teleologische Ethik, die ihre Prinzipien (den jeweiligen Bestimmungsgrund des Willens) aus der realen Güterwelt entnimmt oder als in dieser Welt zu realisierende Zwecke ansetzt. Eine genaue Bestimmung des Begriffs der Güter wird die Aufgabe eines späteren Paragraphen sein. Vgl. *Formalismus*, S. 32ff.
[27] Vgl. *GMS.*, S. 427ff. und *KpV.*, S. 19 (A., S. 35ff).
[28] Naturalistisch im Sinne von G. E. Moores klassischer Formulierung von "naturalistic Fallacy" in bezug auf die Definition von "good". Vgl. Moore, *Principia Ethica*, Kap. 2; vgl. ferner Broad, *Five Types of ethical Theory*, S. 257ff.

Er unternimmt es, in der Sicht auf die Gegenstandsseite die Unabhängigkeit der materialen Werte von den Gütern aufzuweisen. Im Blick auf die intentionalen Zusammenhänge hebt er die Unabhängigkeit des intentionalen Bezuges der Werterlebnisse gegenüber den Gefühlszuständen von Lust und Unlust hervor. Hinsichtlich der Aktseite ist er bestrebt, die Funktion und Aufgabe des Willensaktes in seinem Zusammenhang mit Werten auszulegen. Über das Verhältnis von Gütern und Werten stellt Scheler fest: Güter sind diejenigen dinglich gegebenen Einheiten, in welchen sich Werte darstellen. Güter gehören sonach zu jener Totalität intentionaler Gegenständlichkeiten, auf die sich die induktive (aposteriorische) Erfahrung bezieht, sie gehören zur realen Welt. Werte dagegen gehören derselben nicht an. Werte werden auch nicht von Gütern abstrahiert, sie sind von ihnen völlig unabhängig rein, und dies besagt, in originaler Gegebenheit zugänglich. Werte sind von den Gütern in analoger Weise unabhängig gegeben, wie eine Farbe im Spektrum unabhängig von der Fläche einer bestimmten Dingeinheit gegeben ist [29]. In Kürze: materiale Werte sind a priori gegeben, Güter a posteriori. Wie von Kant, wird auch von Scheler eine sogenannte Güterethik abgelehnt [30].

Über die phänomenologische Analyse der sinnlichen Gefühle bemüht sich Scheler, deren grundsätzlichen Unterschied gegenüber dem Wertfühlen herauszustellen. Letzteres wird als ein apriorisches intentionales Erlebnis charakterisiert und scharf gegen die ersteren, die in leiblich lokalisierten sinnlichen Zuständen fundiert sind, abgesetzt [31]. Auf diese Weise ergibt sich, daß das intentionale Wertfühlen seinem Ursprung nach von den sinnlichen Lust- und Unlustgefühlen völlig unabhängig ist und seiner Funktion nach von diesen grundverschieden bleibt. Ist jenes apriorischer, werterkennender Akt, so sind diese nur empirische Zustände [32]. Scheler kommt in seiner Untersuchung sogar zu dem Ergebnis, daß die Wirkung der Gefühlszustände auf den Inhalt des Wollens nur eine "wesentlich negative und selektive" ist [33].

Mit Kant übereinstimmend, lehnt auch Scheler an der "Zweck-

---

[29] *Formalismus*, S. 35.
[30] a.a.O., S. 32 u. 34; vgl. auch *KpV.*, S. 21ff. (A., S. 38ff).
[31] Vgl. *Formalismus*, S. 78ff., 267ff., 345ff.
[32] a.a.O., S. 42.
[33] a.a.O., S. 82.

ethik" ab, daß sie die sittlichen Werte Gut und Böse zu technischen Werten in Rücksicht auf bestimmte Zwecke degradiert [34]. Freilich folgt er Kant nicht in seiner Gleichsetzung aller materialen Ethik mit bloßer Zweckethik. Bei Kant heißt es: "Alle praktischen Prinzipien, die ein **Objekt** (Materie) des Begehrungsvermögens als Bestimmungsgrund des Willens voraussetzen, sind insgesamt empirisch und können keine praktischen Gesetze abgeben. Ich verstehe unter der Materie des Begehrungsvermögens einen Gegenstand, dessen Wirklichkeit begehrt wird" [35]. Durch diese Wendung werden von Kant die materialen Werte zugleich mit den materialen Zwecken aus dem Bereich des Sittlichen verwiesen. Demgegenüber beruft sich Scheler in seiner eingehenden Analyse des Zwecks und seines intentionalen Korrelats auf den nachweislichen Unterschied, der zwischen den Gegebenheitsarten des Wertes und des Zweckes besteht. Er stellt fest, daß der Wert grundsätzlich ursprünglicher gegeben ist als der Zweck. Am Zweck selbst unterscheidet Scheler zwei Momente, das "des Vorgestelltseins" und das des "Realseinsollens" [36]. Durch sie ist der Willenszweck vom Strebensziel zu unterscheiden [37].

Gegen Kants Auffassung, daß Werte nur in Abhängigkeit vom zwecksetzenden Wollen existierten, behauptet Scheler, daß materiale Werte bereits den Strebenszielen und erst recht den Zwecken zugrundeliegen, da diese selbst ja wiederum durch jene Ziele fundiert werden [38]. "Da die Bildinhalte des Strebens (und Widerstrebens) sich nach den Wertqualitäten richten, die primär die Materie des Strebens sind, so setzt eine Ethik, die materiale **Wert**ethik ist, keinerlei 'Erfahrung' im Sinne von 'Bilderfahrung', also auch keinerlei sogenannte Bilderfahrungsmaterie voraus" [39].

Die oben hervorgehobenen Erlebnisarten des "Strebens" und

---

[34] Vgl. a.a.O., S. 33 u. 52.
[35] *KpV.*, S. 21 (A., S. 38ff.)
[36] *Formalismus*, S. 61f.
[37] Als intentionales Korrelat steht der Zweck nach Scheler im Wesenszusammenhang mit dem Wollen, so wie das Ziel mit dem Streben. Von der Strebung wird zunächst der Zielinhalt in einem besonderen Akt vorstellig gemacht, dann wird das so vorgestellte Ziel dadurch zum Willenszweck, "daß der so gegebene Inhalt des Zieles (und zwar sein Bildinhalt) als ein zu realisierender (d.h. real "sein sollender") gegeben ist, d.h. eben "gewollt" wird.
Vgl. *Formalismus*, S. 61.
[38] Vgl. *Formalismus*, S. 62.
[39] ebenda.

"Erstrebens" (Widerstrebens) werden bei Kant unter dem Begriff der Neigung subsumiert, und wegen ihrer Materialität wird den Neigungen "sittliche Wertindifferenz" attestiert [40]. Von hier aus wird der große Unterschied ersichtlich, der zwischen Schelers und Kants Auffassungen der sittlichen Werte Gut und Böse statthat, ein Unterschied, der sich in gleicher Weise auch auf das Verhältnis von Gut und Böse zum Willen und zum Begriff des Zweckes bezieht.

Für Kant sind "Gut" und "Böse" ursprünglich nur die Prädikate des Willens [41]. Dabei gilt, daß weder ein durch Neigung beeinflußbarer Wille noch ein allein pflichtgemäßer Wille als gut bezeichnet werden kann. Er ist dann, und nur dann, sittlich gut, wenn seine Bestimmung allein aus der Pflicht vollzogen wird [42]. Daraus folgt, daß Gut und Böse nicht primäre und schlechthin einfache Begriffe der Sittlichkeit sind (dazu müßten sie in ihrer Bestimmtheit von anderen Begriffen absolut unabhängig sein), sondern sekundäre, insofern sie durch die ihnen vorangehenden Begriffe der Pflicht und des kategorischen Imperativs definiert werden. Diese Definierbarkeit des Guten und Bösen ist keine materiale. Gut und Böse werden nicht an der Absicht, d.h. der Materie, der Begierde bestimmbar, sie lassen sich allein als formale Beschaffenheiten des Willens verstehen. Gut und Böse sind Prädikate des Willens, der dem Sittengesetz folgt bzw. ihm widerstrebt. Gut ist der Wille, der als praktische Vernunft sich selbst das Gesetz gibt.

Daraus wird erstens ersichtlich, daß Gut und Böse nicht im konträren, sondern im kontradiktorischen Gegensatz zueinander stehen und sich als aus dem Sittengesetz entspringende bzw. dem Sittengesetz widrige Willensbestimmungen zeigen. Zweitens erhellt daraus, daß das Prinzip der Sittlichkeit völlig autonom ist und mithin nichts anderes als die Selbstgesetzgebung der praktischen Vernunft ausdrückt [43].

Scheler erkennt an der geschilderten Position Kants vor allem

---

[40] *Formalismus*, S. 63.
Diese Formulierung Schelers ist u.E. nicht ganz treffend, denn die sinnliche Neigung wird bei Kant gerade im Gegensatz zur Pflicht bestimmt. Pflicht kann negativ geradezu als Willensbestimmung gegen die Neigung verstanden werden.
Vgl. *GMS*, S. 397.
[41] *GMS*, S. 393.
[42] *GMS*, S. 397ff.
[43] a.a.O., S. 431ff.

an, daß durch sie die Unterscheidung zwischen den sittlichen Werten "Gut" und "Böse" und den übrigen materialen Werten (besonders dem Wohl und dem Übel) streng durchgeführt wird [44]. Er akzeptiert die radikale Unterscheidung Kants zwischen den sittlichen Werten Gut und Böse und den anderen materialen Werten. Auch für ihn gilt, daß das Gute und das Böse niemals zu einem im Wollen intendierten Objekt werden dürfen, während nicht-sittliche Werte sich gerade dadurch auszeichnen, daß sie als zu realisierende im Wollen gegeben sind [45]. Scheler erkennt aber auch, daß Kant der trotz der genannten Differenz zwischen den sittlichen und nicht-sittlichen Werten verbleibende Zusammenhang auf Grund seiner formalistischen Auffassung der sittlichen Werte entgeht. Da für Scheler die sittlichen Werte keine bloß formalen Bestimmungen des Willens sind, sondern bestimmten Akten (z.B. solchen des intentionalen Fühlens und des Vorziehens und Nachsetzens) zugängliche materiale Gegebenheiten sind, ist es ihm möglich, den zwischen den sittlichen und den übrigen Werten bestehenden Wesenszusammenhang aufzudecken. Er drückt sich u.a. darin aus, daß die in den intentionalen Gefühlen vorliegenden sittlichen Werte wie andere materiale Werte auch in qualitativer Steigerung (bzw. Relation) zur Gegebenheit gelangen. Dem entspringt letztlich die gegen Kant herausgekehrte These, daß Gut und Böse nicht wie bei diesem in kontradiktorischem, sondern in konträrem Gegensatz zueinander stehen.

Scheler erblickt den Grund für Kants Mißverständnis bezüglich der materialen Werte darin, daß dieser nicht imstande ist, die apriorische Erkenntnis der materialen Werte im emotionalen "Erlebnis" anzuerkennen. Die Ursache dafür sieht er in der Verwirrung, die bei Kant über das Verhältnis von Werterkenntnis zur Begierde nach "Werterfahrung" herrscht.

Kant irrt sich in seiner Bestimmung des Sinnes und der Aufgabe der Werterkenntnis, und infolgedessen ersetzt er die mate-

---

[44] "Die deutsche Sprache hat das Glück, die Ausdrücke zu besitzen, welche diese Verschiedenheit nicht übersehen lassen. Für das, was Lateiner mit einem einzigen Worte bonum benennen, hat sie zwei sehr verschiedene Begriffe und auch ebenso verschiedene Ausdrücke. Für bonum das Gut und das Wohl, für malum das Böse und das Übel".
KpV., S. 59 (A., S. 104). Vgl. auch *Formalismus*, S. 46.
[45] "Er (i.e. der Wert 'gut') befindet sich gleichsam 'auf dem Rücken' dieses Aktes (i.e. Willensaktes), und zwar wesensnotwendig".
Formalismus, S. 49.

riale Werterkenntnis (statt sie als Kriterium der sittlichen Werte geltend zu machen) durch die Pflicht als deren "Surrogat".

Damit hängt nach Scheler Kants Verkennung der eigentümlichen Funktion des Willensaktes zusammen, die sich in seiner Bestimmung des Willens als der (praktischen) Vernunft niederschlägt. Demgegenüber erblickt Scheler die Autonomie nicht in der Selbstgesetzgebung der praktischen Vernunft, sondern sie kennzeichnet ein Wollen, sofern es auf einsichtiger materialer Werterkenntnis beruht [46].

Überblickt man das bisher Ausgeführte, so ergibt sich, daß sich aus dem grundlegenden Gegensatz zwischen dem Rational-Formalen und dem Empirisch-Materialen in den axiologisch-ethischen Voraussetzungen der Sittenlehre Kants folgende Konsequenzen herausziehen lassen:

Kant behauptet die empirische Herkunft der materialen Werte. Er stellt ihr die formalistische Ausdeutung der sittlichen Werte gegenüber. Er geht von einer deontologischen Auffassung des Kriteriums der Sittlichkeit aus. Er vertritt die Gleichsetzung des sittlichen Willens mit der praktischen Vernunft [47].

Die oben skizzierte Haltung Schelers läßt sich kurz dahingehend kennzeichnen, daß er sich bemüht, gegen die formalistisch-rationale Grundhaltung Kants eine positive Grundlegung der Ethik auf dem Boden der **apriorischen Erkenntnis der materialen Werte** zu stellen. Es ist in Sonderheit Schelers Neudeutung des Apriori, die es ihm ermöglicht, über die von Kant als unbezweifelbar vorausgesetzte Dichotomie von empirisch-materialer und apriorisch-formaler Ethik hinaus einen neuen Weg zur apriorisch-materialen Ethik zu eröffnen.

§ 3. DIE LEHRE VOM APRIORI

Der Begriff "a priori" steht zweifellos im Vordergrund der transzendentalen Philosophie Kants. Auch wenn gesagt werden

---

[46] Scheler kennt neben der Autonomie des Wollens auch eine solche der Werterkenntnis. Letztere wird später noch zu diskutieren sein. Vgl. *Formalismus*, S. 499.

[47] Deontologie wird hier im Sinne Benthams verstanden, d.h. als radikale Gegenüberstellung zur axiologischen Ethik. Deontologie bedeutet, daß das Kriterium der Sittlichkeit unabhängig von irgendeinem Wert, bonum oder Zweck allein in der moralischen Pflicht gesehen wird.
Vgl. J. Bentham, *Deontology or the Science of Morality*.

muß, daß das Apriori als solches von Kant nicht eigentlich thematisch bedacht wurde, so fungiert es doch belebend in der Prägung, die es durch ihn erfuhr, als einer der bedeutendsten operativen Begriffe seiner philosophischen Systematik. Seine explikative Funktion, (d.h. der operierende Vollzug) besteht im reduktiven Aufweisen der transzendentalen Sphäre von der Art, daß sich die Objektivität der Erkenntnis im prägnanten Sinne von der "Vorbedingung der Möglichkeit der Erfahrung" her auslegen läßt [48].

Die Schwierigkeiten, die mit dem Problem des Apriori verbunden sind, kennzeichnet allein schon der Umstand, daß dieser Begriff seit Aristoteles mit verwirrenden Unklarheiten und Vieldeutigkeiten behaftet ist [49]. Ungeachtet dieser Schwierigkeiten steht aber fest, daß durch die Entwicklung des europäischen Denkens das Apriorische übereinstimmend vorwiegend als das Formale (bzw. Rationale) und das Aposteriorische als das Materiale (bzw. Empirische) aufgefaßt werden [50]. Auch für Kants transzendentalphilosophische Bestimmung des Apriori bildet dieser Unterschied den Ansatzpunkt und den Hintergrund. Daraus wird erst klar verständlich, warum sich Scheler so nachhaltig mit Kants Auffassung vom Apriori auseinandersetzt. Er wendet sich in seinen Angriffen gegen die Kantische Fassung dieses Begriffes gleichzeitig gegen deren Hintergrund, d.i. gegen jene Richtung der philosophischen Tradition, sofern sie das Apriorische mit dem Formalen identifiziert. Nicht von ungefähr kulminiert also Sche-

---

[48] Für Kant verraten sich apriorische Elemente der Erkenntnis (Anschauungsformen, Kategorien und Grundsätze etc.) als solche durch ihre strenge Notwendigkeit und Allgemeingültigkeit. Diese andererseits erklärt sich nur durch die Apriorität der betreffenden Erkenntniselemente, welche unaufhebbare Bedingungen und Voraussetzungen objektiver Erfahrung und Erfahrungsgegenständlichkeit selbst sind. Vgl. auch *KrV.*, Einl. II, B., 3–4.

[49] Die Termini "a priori" und "a posteriori" (bzw. "ex prioribus" und "ex posterioribus") sollen darauf zurückgehen, daß sie von den Scholastikern als die Begriffe zur Wiedergabe der von Aristoteles gebrauchten Wörter πρότερον und ὕστερον eingeführt worden seien, durch die er das τῇ φύσει und das πρὸς ἡμᾶς als Frühere und Spätere bezeichnete. Vgl. Aristoteles, τὰ ὕστερα ἀναλυτικά, 2.71^b,33–3.72^a,5. Doch Aristoteles selbst war sich ihrer Vieldeutigkeit klar bewußt und benutzte diese Begriffe weitgehend operativ, um mehrere metaphysische Begriffe auszulegen. Vgl. τὰ μετὰ τὰ φυσικά 11.1018^b, 9ff. und auch τὰ κατηγορίαι 12.14^3, 26ff.

[50] "Es ist nicht möglich, diese Frage (ob eine materiale Ethik gleichwohl eine apriorische sein kann) für die Ethik aufzuwerfen, sofern nicht eine prinzipielle Verständigung erzielt ist, wie sich ein 'apriorisches' Element des Seins und der Erkenntnis zum Begriffe der 'Form' und des 'Formalen' überhaupt verhält".
Formalismus, S. 68.

lers kritische Stellungnahme zu den philosophischen Voraussetzungen Kants in seiner Erörterung des Apriori.

Wie jede Befreiung von der traditionellen Auffassung eines philosophischen Begriffes setzt auch die neue Auslegung des Apriori einen neuen Ausgangspunkt, d.h. den Ansatz von einer neuen Warte, voraus. Für Scheler bildet diesen neuen Problemhorizont für das Apriori seine Konzeption vom "Phänomen" und von der "Phänomenologie". Das wird im nächsten Kapitel zu erörtern sein. Hier soll vorwegnehmend seiner Kritik der Kantischen Lehre vom Apriori nur andeutungsweise seine positive Explikation dieses Begriffes gegenübergestellt werden [51].

Kant bestimmt das Apriorische dahingehend, daß es in bezug auf die Erkenntnis als **logisch** (d.h. der Geltung nach) **vorangehend vor** und **unabhängig von der Erfahrung** geltend zu machen ist [52]. Aus dieser zunächst nur **negativen** Festlegung, in der Apriori nur "von der Erfahrung **nicht abhängig**" besagt, geht noch keine positive Bedeutung hervor. Sie ist ferner formal, weil sie sich lediglich auf den formalen Zusammenhang der Erkenntnisse a priori mit der Erfahrung bezieht. Eine solche negative und bloß formale Bestimmung erlangt nur dann einen positiven und konkreten Sinn, wenn wir den Problemhorizont, in dem sie in der philosophischen Systematik Kants auftritt, zu ihrer Auslegung heranziehen. Er soll zunächst über den bekannten Satz Kants, "Notwendigkeit und strenge Allgemeingültigkeit sind also sichere Kennzeichnen einer Erkenntnis a priori und gehören auch unzertrennlich zusammen", in Angriff genommen werden [53]. Dieser Satz besagt nichts anderes, als daß "Notwendigkeit" und "strenge Allgemeingültigkeit" die **notwendigen** und **hinreichenden Bedingungen** dafür sind, daß die Erkenntnis eine **apriorische** zu sein vermag [54]. Die formale Defi-

---

[51] Interessant ist zu bemerken, daß sich Schelers kritische Stellungnahme zum Kantischen Apriori öfters als Falsifikationsmethode gestaltet, nach der es unvermeidlich nur zwei alternative Klärungen geben kann.

[52] "Wir werden also im Verfolg unter Erkenntnissen a priori nicht solche verstehen, die von dieser oder jener, sondern die schlechterdings von aller Erfahrung unabhängig stattfinden." *KrV.*, Einl. I., B. 3. Es soll hiermit kurz darauf aufmerksam gemacht werden, daß die Priorität des Apriori, als "logisch vorangehend" gefaßt, in sich der Klarheit mangelt, d.h., sie hat nur einen metaphorischen Sinn. Dieses Problem werden wir im Zusammenhang mit dem Begriff "transzendental" im Licht der neueren Forschungen der Logik betrachten.

[53] *KrV.*, Einl. I, B. 4.

[54] Der Begriff der notwendigen und hinreichenden Bedingung ist hier *rein* logisch, d.h. als die sogenannte **gegenseitige Implikation** zu verstehen. Daraus folgt, daß

nition der Notwendigkeit lautet bei Kant folgendermaßen: "Schlechterdings notwendig ist, dessen Gegenteil an sich unmöglich ist"[55].

Es muß freilich hinzugefügt werden, daß sich der Begriff der Notwendigkeit im transzendentalen Sinne als eine der Kategorien der Modalität erweist[56]. Bezieht man sich auf die letzte, so betrifft sie den Kausalzusammenhang in der Erscheinungswelt, d.h. den Zusammenhang zwischen Ursache und Wirkung[57], sofern beide als Seiende anzusprechen sind.

Scheler ist freilich der Auffassung, daß auch diese Art der Notwendigkeit letzten Endes auf die logische Notwendigkeit zu reduzieren sei und behauptet damit, "daß das mit dem Wort Gemeinte ursprünglich allein zwischen Sätzen besteht (z.B. im Verhältnis von Grund und Folge), nicht also zwischen Tatsachen der Anschauung (resp. zwischen solchen nur abgeleitet, wenn sie Sätze solcher Art erfüllen)[58]. Der Versuch einer solchen Reduktion kann offenbar nur dahingehend sinnvoll interpretiert werden, daß der Verfasser in ihr zum Ausdruck bringt, daß zum Behufe einer

---

trotz des gegenteiligen Anscheins diese Auslegung keineswegs in den "circulus in definiendo" verfällt. Es muß hinzugesetzt werden, daß für unsere diesbezügliche Diskussion die Ergebnisse der gegenwärtigen Forschung der Logik und Logistik ausdrücklich als gerechtfertigt vorausgesetzt werden.

[55] Diese Formulierung ist vieldeutig, sofern das an sich Mögliche erstens logisch, d.h. als Denkmögliches, zweitens ontologisch, d.h. als Realmögliches, drittens sittlich, d.h. als "moralisches Können, bedeuten kann. Vgl. *Beweisgr. Gottes*, 3. Betrachtung, 1-2.

[56] Die Zweideutigkeit im Gebrauch des Begriffes der Notwendigkeit auf theoretischem und praktischem Gebiet wird daran faßbar, daß derselbe einmal der Zufälligkeit (Kategorie) und zum anderen der Freiheit (Antinomie) gegenübergestellt wird. Über die letztere, die Notwendigkeit der sittlichen Nötigung, die im praktischen Bereich als reine Autonomie im Sinne der "causa sui" der praktischen Vernunft ausgelegt wird, vollzieht sich die Fundierung der Kantischen Ethik. Hinter der genannten Zweideutigkeit steht zuletzt der Unterschied zwischen einer Kausalität schlechthin und bloßer Naturkausalität.

[57] "... daß das Kriterium der Notwendigkeit lediglich in den Gesetzen der möglichen Erfahrung liege: daß alles, was geschieht, durch ihre Ursache in der Erscheinung a priori bestimmt sei ... Die Notwendigkeit betrifft also nur die Verhältnisse der Erscheinungen nach dem dynamischen Gesetze der Kausalität, und die darauf sich gründende Möglichkeit, aus irgendeinem gegebenen Dasein (einer Ursache) a priori auf ein anderes Dasein (der Wirkung) zu schließen". *KrV*. B. 280. Daraus geht hervor, daß für Kant die Notwendigkeit die Gesetzlichkeit der Natur bzw. in entsprechender Modifikation die Gesetzlichkeit des sittlichen Bereiches begleitet. Nicht geklärt ist aber damit, ob im allgemeinen die Notwendigkeit für das Apriori explikativ ist oder ob das Umgekehrte gilt. Es finden sich beide Auslegungen bei Kant.

[58] *Formalismus*, S. 94. Damit übersieht Scheler, welche Rolle der Unterschied zwischen bloßer Denknotwendigkeit und transzendentaler Notwendigkeit für die Entwicklung der transzendentalen Philosophie Kants spielt. Vgl. *Neg. Größe* II, 200ff.

Klärung des Apriori überhaupt nicht auf den Begriff der Notwendigkeit zurückgegangen werden soll, sondern umgekehrt dieser selbst aus dem vorgängig zu klärenden Apriori ausgelegt werden muß [59]. Darüber hinaus ist Scheler der Meinung, daß der Begriff der Notwendigkeit gar keinen positiven Sinn aufweist und insofern nur ein negativer Begriff ist, als "dasjenige notwendig ist, dessen Gegenteil unmöglich ist" [60]. Auch daraus geht hervor, daß das Apriori nicht auf dem Begriff der Notwendigkeit beruhen kann, sondern zwischen beiden ein umgekehrtes Abhängigkeitsverhältnis stattfinden muß. Das heißt, auf die positive Tatsache, als welche nach Scheler das Apriori gefaßt werden muß, ist die Notwendigkeit zu gründen. "Wo immer wir von 'Notwendigkeit' sprechen, müssen wir Sätze als w a h r voraussetzen, nach denen Satzverbindungen notwendig sind, ... sie sind w a h r, w e i l s i e a p r i o r i e i n s i c h t i g s i n d" [61]. Der Primat der apriorischen Einsicht gegenüber der Notwendigkeit oder die Abhängigkeit der letzteren von jenem "subjektiven Element" steht für Scheler außer jedem Zweifel. "Auch die 'objektivste Notwendigkeit' birgt das 'subjektive' Element in sich, daß sie sich erst konstituiert durch den Versuch, einen auf einem Wesenszusammenhang fundierten Satz zu v e r n e i n e n. Erst in diesem Versuche springt sie heraus" [62].

Während Scheler sich im Hinblick auf das Verhältnis von Apriorität und Notwendigkeit nur bemüht, gegen Kant die wahre Abhängigkeitsrichtung zwischen beiden Begriffen herauszustellen, wird von ihm ein Zusammenhang zwischen Apriorität und Allgemeingültigkeit überhaupt bestritten. Der Grund dafür liegt in seiner positiven Fassung des Apriori. Nach ihm sind a priori "alle jene idealen Bedeutungseinheiten und Sätze, die unter Ab-

---

[59] "Als völlig verkehrt muß es uns darum gelten, sei es das Wesen der 'Wahrheit', sei es das Wesen des 'Gegenstandes' auf eine 'Notwendigkeit' des Urteilens oder der Sätze, resp. auf die 'Notwendigkeit einer Vorstellungsverknüpfung' zurückführen zu wollen". *Formalismus*, S. 95.
[60] *Formalismus*, S. 95. Diesen negativen Charakter hebt Scheler insonderheit rücksichtlich des Begriffes der Pflicht deutlich hervor. Vgl. *Formalismus* IV, Kpt. 2, insbesondere S. 95f., S. 209 und 224.
[61] *Formalismus*, S. 95. Diese Auffassung setzt unausgesprochen die "intuitionistische" Grundlegung der Logik voraus. Vgl. Quine, *From a Logical Point of View*, S. 127ff. u. 45f. Dennoch ist die heutige Logikforschung immer noch weit davon entfernt, auch nur hinsichtlich der reinen logischen Notwendigkeit im Rahmen der Entwicklung der Modallogik zu bindender Übereinstimmung gelangen zu können. Vgl. Carnap, *Meaning and Necessity*, S. 173ff.
[62] *Formalismus*, S. 96.

sehen von jeder Art von Setzung der sie denkenden Subjekte und ihrer realen Naturbeschaffenheit und unter Absehen von jeder Art von Setzung eines Gegenstandes, auf den sie anwendbar wären, durch den Gehalt einer **unmittelbaren Anschauung** zur Selbstgegebenheit kommen" [63].

Da jede empirische Erfahrung von "etwas" nach Scheler immer schon die "apriorische" Erkenntnis des Wesens dieses Etwas voraussetzt, so stellt sich die apriorische Erkenntnis als die Wesenserkenntnis und das "Apriori" als das Wesen dar [64]. Sofern es sich als der Gehalt der unmittelbaren Anschauung erweist, nennt Scheler dieses Wesen "Phänomen" [65]. Die so bestimmte Anschauung, in der das Wesen sich selbst gibt, ist mithin "Wesensschau" oder "phänomenologische Anschauung". Sie wird auch "phänomenologische Erfahrung" genannt. "Das 'Was', das sie gibt, kann nicht mehr oder weniger gegeben sein – so wie wir einen Gegenstand genauer und weniger genau etwa 'beobachten' können, oder bald diese, bald jene Züge seiner – sondern es ist entweder 'erschaut' und damit '**selbst**' **gegeben** (restlos und ohne Abzug, weder durch ein 'Bild', noch ein 'Symbol' hindurch), oder es ist **nicht** 'erschaut' und damit nicht gesehen" [66].

Für Scheler gehören das Apriori, das Wesen und das Phänomen zusammen, sie machen das intentionale Korrelat der phänomenologischen Anschauung bzw. der phänomenologischen Erfahrung aus. Aus dem Ausgeführten folgt, daß der Unterschied "a priori" und "a posteriori" in die grundsätzliche Unterscheidung zwischen zwei Arten des **Erfahrens** ausmündet [67]. Diese phänomenologische Klärung des Apriori durch Scheler ist die Quelle wichtiger Konsequenzen, die alsbald in Betracht zu ziehen sein werden [68].

Zunächst aber muß das Problem des Verhältnisses zwischen All-

---

[63] *Formalismus*, S. 68f. Doch bleibt zu fragen, ob das "Absehen von jeder Art von Setzung" auch ein sich **Enthalten** bezüglich des Dahinlebens in der "mundanen, natürlichen Generalthesis" einschließt und das Zurücklenken unseres Blicks auf seine "Genesis" als den Grund der Konstitution besagen soll oder lediglich nur meint, das schlicht Gegebene unmittelbar und adäquat zu erfassen. Diese Frage muß bis zur Erörterung der Auseinandersetzung Schelers mit Husserl dahingestellt bleiben. Gleiches gilt für die Frage, ob "Idealsein" nicht doch als eine Art von Setzung zu fassen ist.
[64] *Formalismus*, S. 66.
[65] a.a.O., S. 69.
[66] ebenda.
[67] a.a.O., S. 72.
[68] Gerade über diese wird deutlich, daß Schelers phänomenologische Deutung des Apriori vieles gemeinsam hat mit dessen Auslegung durch Husserl.

gemeingültigkeit und Apriorität neuerlich in Augenschein genommen werden. Es zeigt sich, daß Schelers diesbezügliche Argumentation aus zwei an sich voneinander unabhängigen Gedankengängen besteht.

Scheler geht einmal davon aus, daß das als Wesen explizierte Apriori sich in keiner Weise mit der Allgemeinheit deckt. Denn "eine Wesenheit oder Washeit ist hierbei als solche weder ein Allgemeines noch ein Individuelles. Das Wesen rot z.B. ist sowohl im Allgemeinbegriff rot, wie in jeder wahrnehmbaren Nuance dieser Farbe mitgegeben [69]. Darüber hinaus betont Scheler nachhaltig, daß es auch eindeutige "individuelle Wesenheiten" und "Wesenszusammenhänge zwischen Individuellem" gibt [70]. In letzterer Hinsicht ist "individuelles Wesen" im Gültigkeitszusammenhang verstanden, d.h., es gibt das Wesen, das nur für ein Individuum Geltung hat.

Hierin meldet sich die zweite Seite von Schelers Behandlung des Verhältnisses von Allgemeingültigkeit und Apriorität an. Nach Scheler schließt Gültigkeit immer eine Für-Beziehung, und zwar eine bestimmte Fürbeziehung, ein. So besagt Allgemeingültigkeit gültig-sein "für" in der Bestimmung "für alle Subjekte eines gewissen Verstandes" [71]. Damit ist Allgemeingültigkeit mit Intersubjektivität gleichgesetzt [72].

Die Intersubjektivität erweist sich aber auch unter anderem Aspekt als das eigentliche Mittel, in der die bestimmte Geltungsbedeutung allererst zutage gebracht wird. Erst die Beziehung auf die Gegenstände, in denen eine Wesenheit in Erscheinung tritt, bringt nämlich den Unterschied bezüglich eines allgemeinen oder individuellen Geltens hervor [73]. Einschränkend muß freilich angemerkt werden, daß letztlich nicht klar zu erkennen ist, ob Scheler den Unterschied zwischen der Allgemeingültigkeit des Wesens

---

[69] *Formalismus*, S. 69 und 96.
[70] *Formalismus*, S. 96. Daran übt Hartmann Kritik. Vgl. Hartmann, *Metaphysik der Erkenntnis*, S. 497 und 498.
[71] *Formalismus*, S. 96.
[72] "Das Wesen des Gegenstandes und des Seins, das auch Aktsein sowie Wert und Widerstandsein sein kann, schließt es daher durchaus nicht aus, daß z.B. nur ein Einziger in einem einzigen Akte sich etwas zur Selbstgegebenheit bringe, ja es schließt auch nicht aus, daß ein bestimmter Gegenstand nur Einem so gegeben sein kann. Es schließt nicht aus ein Wahrsein und Gutsein von etwas für ein Individuum: also sogar wesenhaft individualgültige und doch streng objektive und absolute Wahrheit und Einsicht". *Nachlaß* I, S. 393.
[73] *Formalismus*, S. 69.

und einer Wesensallgemeinheit selbst überall streng durchhält. Diesem Unterschied zufolge muß anerkannt werden, daß ein allgemeines, wie auch ein individuelles, Wesen nur dann allgemeingültig bzw. individuellgültig im Hinblick auf die entsprechenden Gegenstände ist (in welchen das Wesen als ihr bzw. sein Wesen zur Erscheinung kommt), wenn der Begriff Wesen als solcher und seiner eigenen Bedeutung nach den Anspruch auf eine einschränkungsfreie und ausnahmslose Verbindlichkeit (im Sinne der Geltung) in sich birgt. Mit anderen Worten, was allein a priori einsichtig, d.h. als Phänomen selbst gegeben ist, schließt in sich noch keineswegs den "normativen" Sinn des Wesens ein, sondern umfaßt nur seinen "deskriptiven" Gehalt. Aber aus diesen beiden Momenten besteht die 'Wesenheit' des Wesens. Dies bedeutet: nur dadurch, daß das Apriori, genommen als die phänomenologische Gegebenheit, schon als Wesen ausgelegt war, nur auf Grund einer verschwiegenen Voraussetzung kann Scheler sagen, "alles, was für das selbstgegebene Wesen von Gegenständen (und was an Wesenszusammenhängen) gilt, das gilt auch für die Gegenstände dieses Wesens a priori" [74].

Trotz dieser verschwiegenen Voraussetzung muß dennoch zugestanden werden, daß dieses normative Moment des Wesens im deskriptiven Moment gründet und ferner, daß die Apriorität des Apriori, das nun als Wesen expliziert ist, sich durch die sogenannte "regressive Methode" aus der "Notwendigkeit" und der "strengen Allgemeingültigkeit" des Urteils als dem "Kennzeichen" dafür" nicht erschließen lassen kann [75].

Damit hängt auch die subjektiv-transzendentale Ausdeutung des Apriori durch Kant sehr eng zusammen. Auch für Kant, der schon die Humesche Philosophie erfahren hatte, war es bereits ein "dead issue", das Apriori durch die sogenannte "idea innata" zu explizieren und "more geometrico" die Apriorität der Erkenntnis durchzuhalten, sofern es sich dabei um die Erkenntnis im prägnanten Sinne (i.e. die synthetische Erkenntnis a priori in der Kantischen Terminologie) handelt [76]. Von der platonischen Ideen-

---

[74] *Phänomenologie und Erkenntnistheorie*, S. 383. *Formalismus*, S. 96. "Sie gelten für alle Gegenstände dieses Wesens, weil sie für das Wesen dieser Gegenstände gelten". Was hier zu unterscheiden versucht wird, ist von Husserl schon eindeutig im Rahmen seiner Erforschung der transzendentalen, der eidetischen und vor allem der intersubjektiven Reduktion herausgestellt worden.
[75] *Formalismus*, S. 90.
[76] C.I. Lewis, *Mind and the World Order*, S. 198. Vgl. auch *Formalismus*, S. 98.

lehre mit dem "Anamnesis"-Gedanken abgesehen, findet man in dieser Gedankenlinie, z.B. bei Descartes, immer wieder den Versuch, das Apriori auf irgendeine, sei es psychologisch, sei es logisch gesicherte Gewißheit seiner eigenen Erkennbarkeit zurückzuführen: das Kriterium dafür besteht nämlich in der der Erkenntnis unmittelbaren Erfaßbarkeit, deren notwendiges Kennzeichen beispielsweise bei Descartes als die Klarheit und Deutlichkeit, d.h. die "Einfachheit" der Vorstellung angesehen ist [77]. Aus den dadurch als evident aufgewiesenen höchsten und allgemeinsten Prinzipien ergibt sich nach dem "dogmatischen Rationalismus" das System der "ontologia generalis", so wie der "ontologia specialis" durch die deduktive Methode. Dies ist, wie gesagt, für Kant aber deswegen nicht mehr möglich, weil es sich hier nicht um das analytische Urteil handelt, sondern um das synthetische Urteil a priori, das als die Erkenntnis, mit der "Erfahrung" im prägnanten Sinne durch die Gegenstandsbezogenheit identifiziert werden kann, und weil Dasein kein Prädikat des Begriffes ist und von den "axiomatischen", d.i. als selbstevident erkannten Prinzipien "deduktiv" nicht ableitbar ist. Im Gegensatz zu Leibniz, der doch letzten Endes "le principe de la raison suffisante" auf "le principe de la raison éternelle" gründen lassen wollte, stellte Kant fest, daß das Wesen die Existenz nicht in sich einschließt [78]. Damit ist nicht nur für seine "Metaphysik", sondern auch für seine Erkenntnisproblematik überhaupt die entscheidende Konsequenz gezogen.

Es ist allgemein anerkannt, daß bei Kant die Bestandsmöglichkeit der Naturwissenschaft (insbesondere der Physik Newtons) und der Mathematik als "Faktum" vorausgesetzt ist. Damit ist nicht gemeint, daß die allgemeine Erkenntnis in diesen Disziplinen nur induktiv durch die Summe der einzelnen Erfahrungen (d.h. der einzelnen Gegenstandserkenntnisse) festgestellt ist und daher durch irgendeine andere "Einzelerfahrung" auch hinfällig wird, sondern daß sie trotz ihrer empirischen Implikationen selbst objektiv, d.h. streng allgemein und notwendig für

Dabei liegt bei Kant die apriorische Anschaulichkeit der mathematischen Erkenntnis den mathematischen Disziplinen zugrunde.

[77] Heimsoeth, *Die Methode der Erkenntnis bei Descartes und Leibniz*, 1. Hälfte, S. 48, 98. Vgl. auch Hartmann, *Kleinere Schriften* III, S. 187. Hiermit lehnen wir Lewis' Konzeption vom Cartesianischen Apriori als dem psychologischen Zwang ab.
[78] *KrV.*, S. A. 225ff., B. 272ff. Vgl. auch *Beweisgrund*, S. 72 und Fink, *Alles und Nichts*, S. 33.

den Gegenstand unserer Erkenntnis überhaupt gültig ist. Sind diese Erkenntnisse als solche von empirischer Bezogenheit und von "apriorischem" Charakter überhaupt möglich (und diese Möglichkeit der "synthetischen Erkenntnis a priori" ist ja von Kant methodologisch vorausgesetzt), dann dreht sich nun die Frage darum, worin und wie eigentlich der Sicherheitsgrund für die strenge Allgemeingültigkeit und die Notwendigkeit jener wissenschaftlichen Erkenntnisse zu suchen ist. Darin findet sich der Anlaß für die transzendentale Hervorbringung des Apriori. In der transzendentalen Fragestellung sind die "Bedingungen" aufgesucht, unter welchen die synthetische Erkenntnis als allgemeingültige und notwendige, d.h. apriorische, möglich ist. Transzendental ist eben dasjenige, was die Möglichkeitsbedingung für die Gegenstandserkenntnis ausmacht [79].

Und wenn man dabei vorwegnehmend so wie Kant die "Identität" der transzendentalen Bedingungen für die Erfahrung der Gegenstände mit denen für die Gegenstände der Erfahrung "postuliert" (worauf wir gleich zu sprechen kommen werden), dann kann die transzendentale Methode als dasjenige Verfahren charakterisiert werden, "nach welchem man, von der Wirklichkeit des Gegenstandes ausgehend, die Bedingung seiner Möglichkeit erschließt" [80].

Wie wir vorher schon auf den Reduktionismus Kants hinwiesen, alle Erkenntnisse und Erkenntnisformen auf das Logische, und zwar auf die Urteilsformen, zurückzuführen, so ist hier auch das Entscheidende der transzendentalen Methode Kants (z.B. im Vergleich mit der transzendentalen Phänomenologie E. Husserls) zunächst darin zu sehen, daß es sich hier bei dem Bedingungszusammenhang gerade um das "logische Grundverhältnis" handelt, das sich jedoch hierbei in concreto natürlich mit dem funktionalen Zusammenhang des erkennenden Subjekts mit seinem Gegenstande befaßt, indem dieser als jenes auszulegen und durch

---

[79] Hier braucht es wohl keiner Erwähnung, daß die Erkenntnis bzw. Erfahrung bei Kant sehr eng aufgefaßt ist und damit der Begriff "transzendentale Bedingung" selbst (im Gegensatz zu Husserl z.B.) auch sehr begrenzt verstanden ist. Den Versuch, diesen Begriff zu erweitern, findet man z.B. bei N. Hartmann, *Kleine Schriften*, III, S. 25ff. Es ist zu bezweifeln, ob alle intentionalen Akte Erkenntnisakte seien, doch dies wird noch zu erörtern sein.

[80] N. Hartmann, *Kleinere Schriften*, III, S. 26. Es muß hier ausdrücklich betont werden, daß unsere Erwägungen sich innerhalb des Kantischen Problemgebietes bewegen.

jenes zu bestimmen ist [81]. In diesem Zusammenhang bleibt die "Bedingung" noch ungeklärt. In der transzendentalen Methode ist, wie gesagt, zunächst das "Bedingte", d.h. die Gegenstandserkenntnis, als Faktum vorausgesetzt; diese ist trotz ihrer Bekanntheit in sich problematisch, d.h. mangelt der Begründung, und zeigt sich also als noch nicht gerechtfertigte und deshalb als zu begründende. Daraus soll jetzt die Bedingung, d.h. das Bedingende, rückläufig erschlossen werden, wovon sie aber wieder irgendwie logisch ableitbar ist, damit ihr als logischer Folge hinsichtlich der Geltung die strenge Allgemeinheit und Notwendigkeit zugeschrieben werden kann. Das Bedingende bedingt also das Bedingte und garantiert seine Geltung. Damit wird deutlich, daß sich das Bedingte, das uns schon bekannt war, jetzt als logisch (transzendental) später, hingegen das Bedingende als früher zeigt. Darin besteht der transzendentale Sinn der Apriorität des Apriori [82].

Aber nun fragt sich, was für ein logisches Verhältnis dieser Zusammenhang ist, und was macht das Bedingungsein aus? Zunächst sind weder "Erfahrung" und "Gegenstand der Erfahrung" selbst identisch, noch ist es möglich anzunehmen, d.h., dem Wesen nach ist es ausgeschlossen, daß das Bedingte und die Bedingung identisch seien, wenn schon dabei ein logischer Circulus vorhanden sein muß [83]. Deshalb ergeben sich nun daraus nur zwei Möglichkeiten, das Bedingende ist entweder die zureichende Bedingung oder die notwendige Bedingung für das Bedingte [84]. Wenn das Bedingende logisch früher (als das Bedingte) ist, dann muß, streng logisch gesprochen, das Bedingende die hinreichende Bedingung für das Bedingte (oder mindestens eine der hinreichenden Bedingungen) heißen, wobei die "hinreichende Bedingung" mit der notwendigen nicht verwechselt werden

[81] Der Begriff "funktional" mangelt der näheren Bestimmung, wenngleich er im allgemeinen streng "erkenntnistheoretisch" verstanden ist. Vgl. Hartmann, *Kleinere Schriften* III, S. 217 und Hartmann, *Metaphysik der Erkenntnis*, S. 88ff. Dagegen versteht Scheler ihn mehr "psychologisch". Vgl. *Formalismus*, S. 73 und *Die transzendentale und die psychologische Methode*, S. 61; *Wissensformen*, S. 289ff.

[82] Vgl. Hartmann, *Kleinere Schriften*, III, S. 28.

[83] Damit ist ohne Zweifel versucht, die Möglichkeit der sogenannten "gegenseitigen Implikation" (d.h. der materialen Equivalenz) auszuschließen. Die Möglichkeit, die Modallogik einzuführen, werden wir auch zu erörtern haben.

[84] Soweit nahmen wir auf der methodischen Voraussetzung an, daß der transzendentale Bedingungszusammenhang ein streng logisches Verhältnis sein soll oder mindestens darauf zurückführbar sein soll. Damit versuchen wir auch zu zeigen, daß das Kantische System von vornherein die Logik allerdings manchmal falsch voraussetzt.

DIE AUSEINANDERSETZUNG SCHELERS MIT KANT

darf [85]. Diese Verwechselung liegt, wollen wir behaupten, der transzendentalen Methode Kants zugrunde.

Das Bedingende als die Voraussetzung für das Bedingte (bzw. als das logisch Vorhergehende) regressiv zu erschließen, kann eigentlich logisch nur zu zeigen heißen, daß das Bedingende das Bedingte "impliziert" [86]. Das bedeutet nichts anderes, als daß das erstere die hinreichende Bedingung für das letztere ausmacht und nicht umgekehrt. Mit anderen Worten kann das Bedingungsein der hinreichenden Bedingung z.B. so aufgefaßt werden, daß das Bedingte das Bedingende voraussetzt, indem dieses in jenem einen "konkreten Erweis" findet. Das aber kann keineswegs besagen, das Bedingte sei die notwendige Folge des Bedingenden [87]. Wollte man dabei dennoch annehmen, daß sich das Bedingende als die notwendige Bedingung für das Bedingte erwiesen habe, wäre man in einen logischen Grundirrtum geraten. Denn, logisch gesprochen, ist "A" keine notwendige Bedingung für "B", es sei denn, daß "Nicht-A" "Nicht-B" impliziert, was aber genau so gemeint ist, wie daß "B" "A" impliziert.

Um diesen Irrtum zu vermeiden, nehmen wir jetzt an, daß das Bedingende die notwendige Bedingung für das Bedingte sei. Alsdann ergibt sich daraus unmittelbar, daß das Bedingte das Bedingende impliziert. Damit wird ferner deutlich, daß sich als das Bedingende nun alle logisch zu derivierenden Konsequenzen, die nämlich aus dem Bedingten deduktiv erschlossen werden können, zeigen, was aber hier gar nicht gemeint ist, wie ohne weiteres einzusehen ist [88].

Bei näherem Besehen ist also sicherlich anzuerkennen, daß nunmehr keine Möglichkeit besteht, den transzendentalen Bedin-

---

[85] C. I. Lewis, *Mind and the World Order*, S. 200f.

[86] Es muß noch einmal ausdrücklich darauf hingewiesen werden, daß wir hier mit dem Begriff "material implication" operieren, um dieses logische Verhältnis auszulegen.

[87] Vgl. Solche Erläuterungen, wie z.B. diese: "If I assert that two feet and two feet are four feet, I do not thereby commit myself to the proposition 2 + 2 = 4. It is required only that this be true of linear measure. Gases under question be governed by very different laws. The particular fact does not even require that there should be any general laws of mathematics". C. I. Lewis, *Mind and World Order*, S. 201.

[88] Das notwendige Bedingungsein, "Nicht-A" impliziere "Nicht-B", war schon Kant bekannt, jedoch nur zu stark und einseitig gefaßt. Vgl. z.B.: "... alsdann ist alle empirische Erkenntnis der Gegenstände solchen Begriffen notwendigerweise gemäß, weil ohne deren Voraussetzung nichts als Objekt der Erfahrung möglich ist". *KrV.* A., S. 93. Vgl. auch C. I. Lewis, *Mind and the World Order*, S. 202.

34 DIE AUSEINANDERSETZUNG SCHELERS MIT KANT

gungszusammenhang als ein rein logisches Verhältnis rein logisch aufzuweisen.

Dennoch könnte man vielleicht doch noch versuchen, die sogenannte transzendentale Voraussetzung, die selbst Kant, wie auch N. Hartmann u.a., die "notwendige Bedingung" zu nennen pflegt, durch die "logische Unentbehrlichkeit" zu explizieren [89]. Die neueren Forschungen auf dem Gebiet der Logik und der Mathematik machen aber jetzt unverhüllt sichtbar, daß, was "logisch früher" meint, nur "in sich einfacher" und damit "deduktiv kräftiger" besagen kann [90]. Man braucht nicht besonders darauf hinzuweisen, daß davon diese "logische Unentbehrlichkeit" streng zu unterscheiden ist. Die eindeutig (bzw. einzigartig) bindende Kraft des transzendentalen Bedingungseins widerspricht sowohl der Mehrheit der möglichen Grundlagen für die Axiomatisierung einer Wissenschaftstheorie als auch der Pluralität der gleich gültigen Systeme selbst, die nämlich sich gleicherweise "effektiv" auf denselben empirisch erkannten Tatbestand beziehen [91]. Daraus geht hervor, daß diese zweifellose Tatsache es unmöglich macht, in der "logischen Unentbehrlichkeit" die Apriorität, d.h. das Frühersein, der transzendentalen Bedingung zu sehen.

Es erübrigt sich eigentlich, noch darauf hinzuweisen, daß es nicht mehr möglich erscheint, einfach anzunehmen, die Selbstevidenz bzw. die Erkennbarkeit im allgemeinen liege dem transzendentalen Bedingungsein in sich, sei es dem logischen Frühersein, sei es dem "formalen Grundsein", implizite zugrunde [92]. Denn die transzendentale Fragestellung, d.h., das rückläufige Erschließen der Bedingung selbst, setzt von vornherein als

---

[89] Vgl. z.B.: "Das schlechthin Notwendige kann nur als notwendige Bedingung des Erkenntnisses der Dinge überhaupt, und zwar aller Dinge, vorgestellt werden. Es wird alsdann als Bedingung der Möglichkeit der Sachen gedacht, und zwar wegen Ableitung aller möglichen Verhältnisse aus dem Verhältnisse eines jeden Gegebenen zum All der Möglichkeit muß es in der Allgenügsamkeit der Bedingung bestehen". Kant, *Reflexiones*, Nr. 5258; vgl. auch N. Hartmann, *Kleinere Schriften*, III, S. 28. Doch es muß hierbei nochmals darauf aufmerksam gemacht werden, daß dieser Begriff "notwendige Bedingung" (bzw. Voraussetzung) sehr irreführend ist.

[90] In einem "axiomatisierten System", sei es formal, sei es "interpretiert" (vom "empirischen Sinne"), heißt z.B. ein "Postulat" (bzw. eine Reihe davon) logisch früher als ein "Theorem" (als Proposition), wenn dieses von jenem mit Hilfe der spezifizierten Derivationsregeln als logisch deduzierbar bewiesen ist. Vgl. auch C. I. Lewis, *Mind and the World Order*, S. 204.

[91] C. I. Lewis, *Mind and the World Order*, S. 204.

[92] Hier sehen wir von dem Versuch ab, die Apodiktizität des Apriori dadurch zu begründen, daß man es zunächst verneint und es damit sogleich doch wieder bestätigen muß. Vgl. C. I. Lewis, *Mind and the World Order*, S. 205ff.

selbstverständlich die "Unerkennbarkeit" der transzendentalen Bedingung als solche voraus [93]. Oder, um es genauer zu formulieren: gerade unter diesen philosophischen Annahmen wurde von Kant die Frage nach der "transzendentalen Bedingung" gestellt. Kurz gefaßt kann weder die logische Deduzierbarkeit an sich noch solche Unentbehrlichkeit das Wesen des Apriori bestimmen. Wie Scheler sagt, ist jedenfalls der Versuch unmöglich, "unter a priori eine auf Grund der Beobachtung erst erschlossene "'Funktion' oder 'Kraft' zu verstehen" [94]. Vielmehr soll die Apriorität des Apriori im unmittelbaren Sichzeigen, d.h. in der Erkennbarkeit, mit voller Evidenz bestehen [95]. Darin findet man einen Anschlußpunkt der weiteren Problementwicklung des Apriori an die Phänomenologie und die phänomenologische Philosophie. Bevor wir aber diese Problematik eingehend erörtern, scheint es doch nötig zu sein, daß wir hierbei noch einige mit der transzendentalen Ausdeutung zusammenhängende Aspekte des Apriori kurz in Betracht ziehen.

Es besteht, wie Scheler sagt, kein Zweifel daran, daß die transzendentale Philosophie Kants den Subjektivismus, wenn er auch von "gemäßigter" Form ist, in sich birgt. In dem (transzendentalen) Sinn nämlich, daß Kant nicht nur die Bedingungen der Möglichkeit der Erfahrung zugleich als diejenigen der Möglichkeit der Gegenstände der Erfahrung gelten läßt, sondern auch das, was allen unseren Erkenntnissen die objektive Realität gibt, gerade auf das Subjekt, und zwar auf die "synthetische Tätigkeit des Geistes" zurückführt, "daß sich die Gesetze der Gegenstände der Erfahrung und Erkenntnis (desgleichen des Wollens) nach den Gesetzen des Erfahrens, des Erkennens (des Wollens) der Gegenstände richten" [96]. Damit zeigt sich das auf die transzendentale Bedingung bezogene Apriori jetzt als nichts anderes als das Funktionsgesetz des Verstandes, d.h. als die Tätigkeitsform eines "transzendentalen Ich" [97]. Die Identität der Bedingung ist

---

[93] Die Erkennbarkeit (bzw. die Unerkennbarkeit) muß hier natürlich im prägnanten Sinne der "Erkenntnis" verstanden werden. Vgl. Kant, *KrV*. A., 93; N. Hartmann, *Kleinere Schriften*, III, S. 29, 189ff.
[94] *Formalismus*, S. 73.
[95] Zweifellos wird hier eine Diskrepanz sichtbar zwischen Schelers und Husserls Auffassung vom Apriori. Wir werden auf diesen Unterschied im folgenden Kapitel zu sprechen kommen.
[96] *Formalismus*, S. 92.
[97] a.a.O., S. 96.

natürlich dadurch bewahrt, aber sogleich ergibt sich daraus der sogenannte Unterschied zwischen der "Erscheinungswelt" und dem "Ding an sich". Diese Scheidung ist also nach Scheler nur eine unmittelbare Folge des Transzendentalismus in der subjektivistischen Deutung des Apriori [98].

Dieser Versuch, das Apriori durch die erzeugende Verstandestätigkeit zu klären, hebt den Charakter der "rationalen Spontaneität" im scharfen Gegensatz zur Passivität hervor, die der "intuitiven Gegebenheit" zugrunde liegt. Damit wird der "bösartige Dualismus" deutlich, daß das Apriori nur als "bloß Gedachtes" vorgestellt werden kann und darum auch immer formal bleibt, während das Aposteriori mit dem intuitiven Gegebenen immer gleichgesetzt ist und die Materie der Anschauung nur aus der Empirie, d.h. der Sinnlichkeit, ausgedeutet werden kann [99]. Die Gleichsetzung des Apriori mit dem Rationalen ist darum einfach wiederum nichts anderes als eine weitere Konsequenz davon [100].

Wie schon angedeutet, lehnt Scheler all dies apodiktisch ab, um die phänomenologische Selbstgegebenheit als Kennzeichen für die Apriorität des Apriori durchzusetzen [101]. Dadurch, und nur dadurch, wird es Scheler möglich, nicht nur das Apriori als unmittelbar sich Gebendes, d.h., die anschauliche Selbstgegebenheit, sichtbar zu machen, sondern auch im A-rationalen, d.h. im Emotionalen, das Apriorische aufzuweisen. Aus diesem Unternehmen Schelers erwächst die entscheidende Möglichkeit dafür, die sogenannte Grundlegung einer apriorisch-materialen Ethik durchzuführen. Die phänomenologische Auffassung des Apriori (bzw. selbst die Phänomenologie im allgemeinen) ist daher als ein "Umbruch" des philosophischen Denkens zu verstehen.

---

[98] a.a.O., S. 94.
[99] a.a.O., S. 85.
[100] a.a.O., S. 85.
[101] Vgl. S. 26f. dieser Arbeit.

KAPITEL II

DIE PHÄNOMENOLOGIE UND MAX SCHELERS INTENTIONALE ANALYSE DES EMOTIONALEN LEBENS

Unsere im vorhergehenden Kapitel durchgeführten Untersuchungen, die sich auf die Kantischen Voraussetzungen und insbesondere auf den von Kant vollends ausgeprägten Begriff des Apriori bezogen, als die Erhellung eines der operativen Horizonte, führen uns nun in unsere zweite Problematik, d.h. in die der Phänomenologie hinein, welche die eigentlich schöpferische Grundlage und Quelle für die Schelersche Herausstellung der apriorischen materialen Wertethik ausmacht [1].

Zunächst ist festzustellen, welche Aufgabe und welchen Sinn die Phänomenologie in Schelers Grundlegung der philosophischen Ethik hat. Obschon es unvermeidlich war, schon im vorigen Kapitel Schelers "phänomenologische" Ansichten in der Gegenüberstellung zu den Kantischen Voraussetzungen andeutungsweise zu erwähnen, ist damit eigentlich erst hier der Ort, an dem eine systematische Erörterung der Phänomenologie Max Schelers vorgenommen werden muß. Das Ziel, das damit verfolgt wird, ist, den zweiten operativen Horizont für die "Grundlegung" Schelers reduktiv ans Licht zu bringen.

§ 4. ÜBER DIE PHÄNOMENOLOGIE

Daß es die Phänomenologie als eine philosophische Disziplin nicht gibt, ist allgemein anerkannte Tatsache. Jeanson nennt den Anspruch auf eine "objektive Definition" der Phänomenologie absurd [2]. Allerdings spricht man von dem "phänomenologischen

[1] Vgl. *Formalismus*, S. 29. "Ich will versuchen, eine materiale Wertethik auf der breitesten Basis phänomenologischer Erfahrung zu entwickeln".
[2] Jeanson, *La Phénoménologie*, S. 22. Vgl. auch Lyotard, *La Phénoménologie*, S. 5; Thévenaz, *Qu'est-ce que la Phénoménologie?*, S. 9.

Kreis" oder von der phänomenologischen Schule und meint damit eine "gemeinsame Gesinnung" im Philosophieren, einen gemeinsamen Bezug auf ein neues philosophisches Ideal [3]. In eine ähnliche Richtung deutet es, wenn die Phänomenologie als philosophische "Methode" oder als philosophische Grundeinstellung bezeichnet wird [4].

Aber auch dann, wenn die Phänomenologie noch nicht als Einheit philosophischen Denkens bestehen sollte [5] oder wenn sie, wie von anderer Seite behauptet wird, eine längst in die Vergangenheit geratene "Bewegung" wäre [6], muß es doch sinnvoll sein, sich danach zu fragen, ob es möglich ist, ein umfassendes ganzheitliches Wesensbild der Phänomenologie und der phänomenologischen Philosophie zu erlangen. Auf die Frage, auf welchem Wege dies zu erreichen ist, gibt Merleau-Ponty die Antwort: "In uns selbst allein findet man die Einheit der Phänomenologie und ihren eigentlichen Sinn" [7]. Damit ist gesagt: die Phänomenologie ist nur dadurch zugänglich, daß man selbst ihre Aufgabe übernimmt, ihre Methode selbst ausübt, ihre Problematik expliziert und ihre Möglichkeiten und ihre Grenzen selbst durchdenkt [8].

Der damit gestellten Aufgabe nachzukommen, ist nur im ganzen der Arbeit möglich; hierorts müssen wir uns zunächst mit dem Versuch zufrieden geben, den Ansatzpunkt für ihre Erfüllung herauszuarbeiten. Wir können dabei von keinem Apriori ausgehen, nicht einmal von der Evidenz des Rückgriffs auf "die Sachen selbst", den Husserl als die absolute Grundlage versteht, und nicht einmal auf die Überzeugung zurückgehen, daß die Phänomenologie nur phänomenologisch zugänglich sei, in dem Sinne, daß sie die ursprüngliche Selbstbegründung und die letzte Rechtfertigung allen Wissens und aller Wissenschaften sei [9]. Gerade

---

[3] Spiegelberg, *The Phenomenological Movement*, Bd. I, S. 5.
[4] Husserl, Vorwort zum 1. Bd., Teil I, *Jahrbuch für Philosophie und Phänomenologische Forschung*, S. Vf.; Scheler, *Phänomenologie und Erkenntnislehre*, S. 381ff.; Heidegger, *Sein und Zeit*, S. 27ff.; Fink, *L'analyse intentionnelle et le problème de la pensée spéculative*, S. 23; Reinach, *Was ist Phänomenologie?*, in: *Gesammelte Schriften*, S. 379.
[5] Merleau-Ponty, *La Phénoménologie de la Perception*, S. XVI.
[6] Fink, *L'analyse intentionnelle et le problème de la pensée spéculative*, S. 54. Dagegen behauptet Thévenaz die Ergiebigkeit der phänomenologischen Methode und begründet sie mit der Tatsache ihrer mannigfaltigen Gestaltungen und Anwendungen. Vgl. Thévenaz, *Qu'est-ce que la Phénoménologie?*, S. 7ff.
[7] Merleau-Ponty, *La Phénoménologie de la Perception*, S. II.
[8] Vgl. z.B. das Schlußwort des Avant-Propos, a.a.O., S. XVI.
[9] Es handelt sich dabei nicht um die Leugnung der Möglichkeit, sondern um die

dies ist, wie sich zeigt, fraglich und wird damit zu unserer anfänglichen thematischen Frage.

Die Problematik der mit dieser Frage übernommenen Aufgabe zeigt sich zunächst darin, daß die Phänomenologie, wenn sie als die Wissenschaft vom Phänomen bezeichnet wird, damit in ihrem Wesensbestand noch längst nicht eindeutig gefaßt ist [10]. Husserl und die anderen Mitherausgeber des "Jahrbuchs für Philosophie und phänomenologische Forschung" sahen in der Phänomenologie eine neue, unmittelbare Zugangsart zur "Sache" selbst im Sinne der intuitiven Erfassung von Wesenheiten. "Es ist nicht ein Schulsystem", heißt es, "das die Herausgeber verbindet und das gar bei allen künftigen Mitarbeitern vorausgesetzt werden soll; was sie vereint, ist vielmehr die gemeinsame Überzeugung, daß nur durch Rückgang auf die originären Quellen der Anschauung und die aus ihr schöpfenden Wesenseinsichten die großen Traditionen der Philosophie nach Begriffen intuitiv geklärt, die Probleme auf intuitivem Grund neu gestellt und dann auch prinzipiell gelöst werden können" [11]. Von daher scheint zwar auf den ersten Blick klar und deutlich zu sein, was man unter "Phänomen" ("Sache" oder "Wesen" – sofern man es für völlig unfragwürdig hält, wie Phänomen, Sache, Wesen miteinander zusammenhängen) zu verstehen hat. Ebenso klar scheint zu sein, worin die Wissenschaftlichkeit der Phänomenologie zu suchen ist, was die Phänomenalität des Phänomens ausmacht und worauf sich die phänomenologische Erfassung von Wesenheiten und die Evidenz als ihre letzte Instanz gründet. Nicht minder scheint klar zu sein, daß sich unter diesen Umständen die Phänomenologie als Methode bestimmen läßt.

Geschieht dies aber, begreift sich die Phänomenologie als reine Methode und Denkhaltung, so müssen die aufgeführten Fragen schlechterdings unbeantwortet bleiben [12]. Denn es gibt keine Methode als solche in der Philosophie, keine philosophische Methode

Einsicht in die Möglichkeit. Es wird also die Apodiktizität dieses Anspruchs befragt. Dieses Wissenschaftsideal wurde von Husserl erst in den *L.U.*, 2. A., II, S. 21 und in seinem Logos-Artikel "Philosophie als strenge Wissenschaft" sowie *Ideen I* bis in *Cart. Med.* erarbeitet. Vgl. auch *Ideen III*, S. 139 und Funke, *Zur transzendentalen Phänomenologie*, S. 99. Zur Entwicklung seiner späteren Philosophie, vgl. Landgrebe, *Der Weg der Phänomenologie*, S. 163 ff. auch Fink, *Die Spätphilosophie Husserls*.

[10] Vgl. *Ideen* I, S. 3ff.
[11] *Jahrbuch für Philosophie und Phänomenologische Forschung*, Bd. I, S. VI; vgl. auch Ideen III, S. 57.
[12] Vgl. z.B. Fink, *Das Problem der Phänomenologie Edmund Husserls*, S. 232.

an sich, keine absolute Methode. Die Methode ist im Bereich der Philosophie nichts Eigenständiges, sie wird vielmehr vom Problem gefordert und erzwungen. Ihre Tragweite ist folglich immer begrenzt, ihr Sinn durch die sie treibenden Probleme bestimmt [13]. Doch die treibenden Probleme sind selber variabel. Sie sind abhängig von den verschiedenen "Philosophien", die von unterschiedlichen konkreten Problemen und Aufgaben motiviert werden. Erst in deren Zusammenhang können sich die oben genannten Fragen also, sofern sie als Aufgaben auftreten, in ihrem Sinn systematisch enthüllen.

Daraus ergibt sich, daß es sich in den oben hervorgehobenen Fragestellungen nicht um solche handelt, die innerhalb des phänomenologischen Zuganges zu lösen wären. Sie beziehen sich auf dessen operativen Horizont, auf den Umkreis, in dem und das Fundament, auf dem die Phänomenologie bei Husserl wie bei Scheler selbst wirklich zustande gekommen ist. Sie gehen thematisierend auf die Grundlage der Phänomenologie, die athematisch bei jeder phänomenologischen Untersuchung als fundierender Hintergrund abseits der Beachtung in Wirksamkeit ist. Als Fragen nach der Grundlage können sie nicht wie jene, nach dem, was sie fundieren, gestellt werden. Grundlagenforschung kann nur im Rahmen des "hypothetischen" Verfahrens durchgeführt werden [14]. Mit "hypothetisch" ist nicht, wie bei den Neukantianern, darauf abgezielt, einen Bedingungszusammenhang logisch zu erschließen. Das hypothetische Verfahren geht darauf aus, den operativen Horizont in seiner dialektischen Bezogenheit auf den thematisierenden Blick hervorzubringen [15].

§ 5. DIE GENAUE ABGRENZUNG DER UNTERSUCHUNG

Max Scheler entwickelt nicht nur im "Formalismus" wie im "Sympathiegefühl" seine philosophischen Untersuchungen auf der breitesten phänomenologischen Basis, er bekennt auch ausdrücklich seine Verpflichtung Husserl gegenüber hinsichtlich

---

[13] a.a.O., S. 227; vgl. auch M. Farber, *On the Meaning of Radical Reflection*, S. 165.
[14] Funke, *Beantwortung der Frage, welchen Gegenstand die Philosophie habe oder ob sie gegenstandslos sei*, S. 16ff.
[15] "Dialektisch" ist im Sokratisch-Platonischen Sinne zu verstehen. Vgl. auch Strasser, *Phänomenologie und Erfahrungswissenschaft vom Menschen*, S. 231ff.

des "methodologischen Bewußtseins von Einheit und Sinn der phänomenologischen Einstellung". Dessen ungeachtet, dürften seine wie andere "Phänomenologien" auch hinsichtlich der Weltanschauung und der philosophischmaterialen Ausrichtung von der Phänomenologie Husserls weit entfernt sein [16]. Davon abgesehen, dürfte die Philosophie Max Schelers im großen und ganzen wohl nicht als "phänomenologisch" verstanden werden können. Dies gilt jedoch von der Leistung anderer Phänomenologen ebenso und kann selbst auf die Husserls angewandt werden. Es ändert auch nichts daran, daß anerkannt werden muß, daß Scheler bei dem großen Aufschwung der "phänomenologischen Bewegung", insbesondere im romanischen Raum, durch seine frühen philosophischen Schriften eine entscheidende Rolle gespielt hat [17].

Bei der Ungeklärtheit, sowohl über die Grenzen der Übereinstimmung wie die der Unterschiede zwischen Husserl und Scheler, ist es für unsere anstehende Aufgabe aufschlußreich, die Husserlsche Phänomenologie mit der Schelerschen nach der Methodik, der Thematik, der konkreten Problematik und nach der Lösung der letzteren explizit miteinander kurz zu vergleichen. Nur von da aus kann der operative Grund aufgehellt werden, nur von da aus läßt sich verstehen, auf welcher Grundlage das emotionale Leben (Fühlen) von Scheler auch als ein intentionales Erlebnis ausgelegt werden kann [18].

Nach der angegebenen Reihenfolge ist zunächst die geschichtliche Entstehung der Gedanken Husserls über Wesen und Wesensschau mit Rücksicht auf die entsprechende Entwicklung der Methode der Phänomenologie in Augenschein zu nehmen. Dabei wird ersichtlich, daß bei Husserl "Wesensschau" und "Phänomen" im Hinblick auf ihren Ursprung völlig voneinander verschieden sind, während dies bei Scheler keineswegs der Fall ist. Von diesem und von anderen Unterschieden her, ebenso aber von den Entsprechungen aus, die zwischen Husserls Philosophie und Max Schelers Philosophie aufzudecken sind, müssen sich die Termini "Wesen" und "Sinn", muß sich die Aufgabenstellung der Phänomenologie und der phänomenologischen Philosophie Max Schelers enthüllen lassen.

---

[16] *Formalismus*, S. 11; Spiegelberg, *The Phenomenological Movement*, Bd. I, S. 230.
[17] *Formalismus*, S. 229.
[18] Vgl. Schummer, *Husserl und Scheler*, Einleitung.

42 INTENTIONALE ANALYSE DES EMOTIONALEN LEBENS

§ 6. HUSSERLS LEHRE VON WESEN UND WESENSSCHAU

Wie schwierig das Problem des Wesens und der Wesensschau bei Husserl ist, geht aus den Worten Eugen Finks hervor. Er schreibt: "Kaum eine philosophische Position Husserls ist so oft und so gründlich mißverstanden worden wie die Lehre von der Wesensschau. Nichts lag Husserl ferner, als ein Anspruch auf ein divinatorisches Vermögen, ins Herz der Dinge blicken zu können und dort, wo Hinz und Kunz nur Tatsachen sehen, unmittelbar die reinen Wesenheiten zu schauen. Vielmehr hat er eine mühständliche und langwierige Methode ausgebildet, um durch eine phantasiemäßige Um-Variation faktisch gegebener Dinge den Möglichkeitsrahmen auszutasten, in welchem das tatsächliche Ding steht" [19]. Bevor wir den Problemhorizont thematisieren können, in welchem die Wesensschau als die "eidetische Reduktion" im Zusammenhang mit dem Gedanken der Eidetik als Formalwissenschaft philosophisch-methodologisch ausgestaltet wird, um die intentionale Analyse als den Aufschluß der transzendentalen Struktur des reinen Bewußtseins durchzuführen, ist es unentbehrlich, zunächst auf die ursprüngliche bzw. geschichtliche Perspektive, in der dieses Problem erscheint, einzugehen.

Dem Formalismus (bzw. dem Positivismus) und dem Konzeptualismus (bzw. dem immanenten Transzendentalismus der Marburger Schule) entgegengesetzt, versucht Husserl in seinen "Logischen Untersuchungen" zunächst die Überwindung des Psychologismus (den er selbst in der "Philosophie der Arithmetik" vertreten sollte) zu vollbringen [20]. Er vertritt einen "Realismus" (im Sinne des mittelalterlichen Universalienstreits: universalia in re), den er durch die erkenntnistheoretische Kritik der empirischen Abstraktionslehre begründet und mit seiner eingehenden, jedoch vorläufigen intentionalen Analyse der "Bedeutungsintention" und der "Bedeutungserfüllung" untermauert [21].

[19] Fink, *Husserls Spätphilosophie*, S. 112.
[20] Oskar Becker z.B. sieht in der Veränderung der Philosophie Husserls eine stetige, wenngleich nicht gradlinige Entwicklung. Becker, *Die Philosophie E. Husserls*, S. 120ff. Biemel betont die entscheidenden Schritte Husserls, sieht aber dabei eine "kohärente Entwicklung". Biemel, *Die entscheidenden Phasen der Entfaltung von Husserls Philosophie*, S. 196. Vgl. auch *Logische Untersuchungen*, 1. A., I, S. 4.
[21] Diesen "Realismus" "Objektivismus" zu nennen, scheint unangebracht, weil dieser nur dem Subjektivismus entgegengestellt werden kann. Den Begriff "Objektivismus" findet man z.B. bei Diemer, *E. Husserl*, S. 10.

INTENTIONALE ANALYSE DES EMOTIONALEN LEBENS 43

Schon in der zweiten Untersuchung des zweiten Bandes seiner "Logischen Untersuchungen" bemüht sich Husserl [22], die Bewußtseinsweise von allgemeinen Gegenständlichkeiten, die Forschungsobjekte der Mathematik und der Logik z.B., als völlig verschieden von der Bewußtseinsweise individueller, konkreter Gegenstände darzutun. Das geschieht dadurch, daß die Akte selbst, die sich auf allgemeine bzw. ideale Gegenstände beziehen, von Husserl nun als ganz neue Akte des Abstrahierens, als die der "ideierenden Abstraktion", aufgefaßt werden [23]. Diese ideierende Abstraktion wird terminologisch auch als "Ideation" gefaßt. In der Ideation hat z.B. der Logiker das "Wesen" seiner idealen Gegenstände intuitiv, d.h. unmittelbar mit Evidenz. Dieser "realistische" Versuch Husserls zur Grundlegung des Logischen findet seine eigentliche Behandlung in der letzten Untersuchung [24]. Darin bemüht er sich, allgemeine logische Formen der Proposition, die von sogenannten stofflichen Elementen (welche sich auf individuelle Gegenständlichkeiten meinend beziehen und damit in der sinnlichen Wahrnehmung ihre Erfüllung finden) deskriptiv streng zu unterscheiden sind, "phänomenologisch" explizit zu begründen. Dies geschieht so, daß sie auf eine intuitive Erfassung und dementsprechende Erfüllung bezogen werden [25]. Diese formalen Elemente, die Husserl "kategoriale Formen" nennt (offensichtlich nach den Kantischen Verstandesbegriffen), sowie allgemeine Vorstellungen richten sich intentional auf etwas Allgemeines, auf eine ideale Gegenständlichkeit, die in der sinnlichen Wahrnehmung keine Erfüllung finden kann, sondern in diesen meinenden Akten sich selbst gegeben ist und unmittelbar mit Evidenz erfaßt wird [26].

Durch seine "phänomenologische" Analyse zeigt Husserl, daß in solchen kategorialen Akten ein Unterschied zu machen ist zwischen der Bedeutungsintention und der Bedeutungserfüllung,

---

[22] Die Angabe der *Logische Untersuchungen* Husserls im Text bezieht sich (ohne sonstige Anmerkung) immer auf die erste Ausgabe.
[23] Es ist bemerkenswert, daß Husserl, schon durch zwei Merkmale die Eigenart der Wesensschau herauszustellen versucht hat: nämlich durch die "Idealität", die Wesenheit des Wesens (dieses Eidetischsein ist von der Formalität zu unterscheiden) und durch die "Abstrahierung". Damit soll die Allgemeingültigkeit gesichert sein. Dadurch ist aber auch bereits seine Konzeption vom Wesensbezug des Wesens bestimmt.
[24] Vgl. Becker, *Die Philosophie Edmund Husserls*, S. 130.
[25] *Logische Untersuchungen*, 2. A., II, S. 128ff.
[26] a.a.O., S. 129, 138f., 143.

und daß die letztere analogerweise wie die schlichte sinnliche Wahrnehmung als originär gebender Akt erwiesen ist [27].

Dementsprechend erweitert Husserl den Begriff der "Wahrnehmung" bzw. der "Anschauung" über die sinnliche hinaus und läßt sie auch als intuitiven Erfüllungsakt gelten. Solche allgemeinen Erfüllungsakte beziehen sich intentional auf kategoriale Formen und auf ideale Gegenstände überhaupt als ihre Korrelate. Husserl nennt diese Wahrnehmungen bzw. Anschauungen "höherer Stufe" daher kategoriale Wahrnehmung bzw. kategoriale Anschauungen [28].

Damit ist das Wesen der Wahrnehmung bzw. der Anschauung überhaupt so aufgefaßt, daß es allein in Evidenz, d.h. in der originären Gegebenheit des jeweils vermeinten Gegenstandes besteht [29]. Derart hebt der entscheidende Schritt zur Gestaltung der Phänomenologie Edmund Husserls als Intentionalanalyse damit an, daß er in der sinnlichen Wahrnehmung das "Urmodell" der Erkenntnisanalytik findet [30].

Den Unterschied zwischen der sinnlichen und der kategorialen Wahrnehmung stellt Husserl freilich nachdrücklich heraus. Er besteht darin, daß die sinnliche Wahrnehmung (1) der schlichte Akt ist, der sich auf (2) die Tatsache, auf (3) den realen bzw. (4) individuellen Gegenstand bezieht und deshalb ein seinen Gegenstand (5) abschattend gebender und darum endlich (6) inadäquater Akt der Intuition ist. Die kategoriale Wahrnehmung dagegen ist der auf mehrere sinnliche Wahrnehmungen und Phantasieerfahrungen variierend (1) aufbauende und den Prozeß der ideierenden Abstraktion in sich einschließende Akt, und zwar so, daß er (2) das Wesen, (3) den idealen bzw. (4) den allgemeinen Gegenstand intendiert, wobei in dieser Anschauung der Gegenstand (5) selbst gegeben ist und der Akt eben darum als (6) der adäquat erschauende Akt ausgezeichnet ist [31].

Im Zusammenhang unseres Interesses ist entscheidend, daß diese kategoriale Wahrnehmung, die auch Wesensschau oder

---

[27] a.a.O., S. 142ff., S. 165.
[28] a.a.O., S. 145.
[29] ebenda.
[30] Dies bleibt später noch zu erörtern. Vgl. dazu Fink, *L'analyse intentionelle et le problème de la pensée spéculative*, S. 60ff.; vgl. auch Biemel, *Die entscheidenden Phasen der Entwicklung von Husserls Philosophie*, S. 204.
[31] Später, nämlich in *Ideen* I, versucht er wieder die Möglichkeit der inadäquaten Wesensschau aufzugreifen. Vgl. Husserl, *Ideen* I, S. 15.

INTENTIONALE ANALYSE DES EMOTIONALEN LEBENS 45

Ideation heißt, damals (bis 1901/02) von Husserl noch keineswegs als **Methodenbegriff der Phänomenologie** verstanden wurde. Vielmehr steht diese kategoriale Wahrnehmung selbst als Forschungsobjekt der Husserlschen "phänomenologischen Analyse" in den "Logischen Untersuchungen" da und ist nicht als das Verfahren angesehen, durch welches die phänomenologische Erforschung ermöglicht werden soll. Die kategoriale Wahrnehmung macht den spezifischen Operationsakt aus, durch welchen logische bzw. mathematische ideale Gegenständlichkeiten als theoretische Untersuchungsgegenstände zur Erkenntnis gelangen. Sie stellt keinen künstlichen, d.h. keinen widernatürlichen Akt des Philosophierens dar [32]. Sie ist einfach die intuitive Erfassung des Wesens, adäquate Erschauung der idealen Gegenständlichkeit.

Die Schwierigkeit und Ambiguität setzt erst ein, wenn diese Wesensschau und unmittelbare Erschauung der "Sachen selbst", die ontologisch die eigentliche Grundlage der jeweiligen Wissenschaften apriorisch konstituieren soll, allgemeiner ausgelegt wird [33]. Denn damit wird sogleich ein Methodenbegriff der Phänomenologie angesprochen, und diese wird selbst als die "Wesenslehre" überhaupt verstanden.

Erst diese Erweiterung und neue Gestaltung der Phänomenologie gibt den eigentlichen Anlaß zur epochemachenden Entwicklung der phänomenologischen Bewegung. In ihr eröffnet sich die entscheidende Möglichkeit, die Phänomenologie als Wesenslehre gelten zu lassen [34]. Das Gesagte gilt besonders für Max Schelers Verhältnis zur Phänomenologie.

Husserl macht erst später, nach 1903 nämlich, das Problem der Wesensschau im Zusammenhang mit der Theorie der **phänomenologischen Reduktion** im transzendentalen Sinne zum methodologischen Thema der Phänomenologie. Er arbeitet dabei die **eidetische Reduktion** aus, welche in "Ideen I" klarer auseinandergesetzt wird [35]. Daß die Entwicklung wie dargestellt verläuft, wird klar, wenn man sich vor Augen hält, wie die Phänome-

---

[32] *Logische Untersuchungen*, 1. A., II, S. 10 und § 3. Dagegen vgl. Husserls Begriff "Reflexion": vgl. Biemel, *Die entscheidenden Phasen der Entwicklung in Husserls Philosophie*, S. 197. auch Landgrebe, *Der Weg der Phänomenologie*, S. 175 ff.
[33] *Logische Untersuchungen* 1. A. II, S. 6.
[34] Schon 1907 ist die Phänomenologie von Husserl selbst ausdrücklich als die allgemeine "Wesenslehre" gekennzeichnet. Vgl. Husserl, *Idee der Phänomenologie*, S. 3.
[35] Vgl. *Ideen* I, S. 13ff.

nologie in den "Logischen Untersuchungen" verstanden wird und worin Husserl dort die Wissenschaftlichkeit der Phänomenologie erblickt.

Es zeigt sich dabei, daß sich diese Frage auf das Problem der Evidenz als letzter Erkenntnisinstanz der Wissenschaft richtet. Aber nicht die "schlichte", sondern allein die adäquate Evidenz gilt für Husserl als das eigentliche Kennzeichen der philosophischen Wahrheit. Das besagt: nicht einfach in der originären Gegebenheit, wie bei der schlichten sinnlichen Wahrnehmung, sondern in der unmittelbaren Selbstgegebenheit ist die Wissenschaftlichkeit der philosophischen Disziplin als systematische Erkenntnisbemühung erkannt [36]. Dem Anspruch auf die Absolutheit des philosophischen Wissens entsprechend, wird die adäquate Evidenz von Husserl auch die "Apodiktizität des Einsehens" genannt [37].

Damit ist der Boden bereitet, auf dem es möglich wird, den Unterschied der Wissenschaftlichkeit zwischen der Philosophie und den Einzelwissenschaften später als den Unterschied nach der Strenge und Exaktheit der Methode auszulegen, wobei die aufklärende Methodik in der Philosophie (d.h. der Phänomenologie) der erklärenden in den anderen Wissenschaften gegenübersteht [38]. Doch beantwortet dies die oben gestellte Frage noch nicht. Denn mit dieser Unterscheidung ist noch nicht gesagt, worin Husserl in den "Logischen Untersuchungen" die Eigenart der Wissenschaftlichkeit der Phänomenologie erblickt, und es bleibt neuerlich zu fragen, wodurch die adäquate Evidenz des Phänomens der Phänomenologie sich in den "Logischen Untersuchungen" als die philosophisch letzte Erkenntnisinstanz ausweist. Erst aus der Beantwortung dieser Frage kann aber die Einsicht in den Unterschied von Sinn und Aufgabe der Ideation als der kategorialen Wahrnehmung einerseits und der Wesensschau als der eidetischen Reduktion andererseits ersichtlich werden. Denn wenngleich im allgemeinen die beiden (sogar oft von Husserl selbst) verwechselt werden, und wenngleich die erstere

---

[36] Die "Absolutheit" ist von "Adäquation" im Hinblick auf die Evidenz zu unterscheiden. Vgl. Husserl, *Cart. Med.* S. 55; ferner Husserl, *Erste Philosophie*, II, S. XLII.
[37] Diese Apodiktizität ist zu unterscheiden von der Wesensnotwendigkeit. Vgl. *Ideen* I, S. 19, 413ff., insbesondere S. 416ff.
[38] Vgl. Husserl, *Philosophie als strenge Wissenschaft* und *Logische Untersuchungen*, 2. A., II, S. 21.

fast alle Wesenszüge der letzteren vorwegnimmt, so ist doch zu behaupten, daß beide streng unterschieden werden müssen [39].

In diesem Zusammenhang halten wir es für wichtig, darauf hinzuweisen, daß in den "Logischen Untersuchungen" das "Wesen", ob als die "ideale Gegenständlichkeit", ob als das "reine Gesetz" oder als der "allgemeine Gegenstand" und die "kategoriale Form" der Proposition als Gegenstand der Ideation für gar nicht identisch mit dem "Phänomen" im Sinne der "Phänomenologie" anzusehen ist. Es ist auch ausgeschlossen, das eine auf das andere zurückzuführen. In den "Logischen Untersuchungen" ist das "Ideale" dem "Phänomenologischen" scharf entgegengesetzt. Dies ist ein Sachverhalt, der in der späteren Philosophie Husserls schlechterdings undenkbar ist [40].

Es ist eine bekannte Tatsache, daß Husserl unter dem Einfluß Franz Brentanos seine erkenntnistheoretische, "phänomenologische" Analytik sehr irreführend auch als die deskriptive Psychologie bezeichnete. Er hat daran schon kurz nach dem Erscheinen seines Werkes Selbstkritik geübt [41]. Zwar übernahm Husserl von Brentano die Intentionalität und die mit adäquater Evidenz sich unmittelbar erfassende Immanenz als Wesenszüge des reinen Bewußtseins, auf welches sich die "Phänomenologie" forschend bezieht. Dennoch versucht er, das "Phänomen" im prägnanten Sinne jener "Phänomenologie" von dem sogenannten psychischen Phänomen und somit von dem Objekt der "inneren Wahrnehmung" kritisch zu unterscheiden. Damit soll es streng erkenntnistheoretisch auf den genannten "neutralen Teil" des Psychischen begrenzt werden [42]. Durch die adäquate reflektive Anschauung

---

[39] Bei Scheler wird "Phänomen" als in der unmittelbaren Anschauung sich selbst Gebendes mit dem "Wesen" bzw. dem Apriori identifiziert. Vgl. z.B. *Formalismus*, S. 69ff.

[40] "Indessen, wenn auch die ideale und nicht die phänomenologische Analyse zu der ureigenen Domäne der einen Logik gehört, so kann doch die letztere zur Förderung der ersteren nicht entbehrt werden". Husserl, *Logische Untersuchungen*, 1. A., II, S. 6 u. 16ff.

[41] Husserl, *Bericht über deutsche Schriften zur Logik in den Jahren 1895-99*, S. 397ff. Vgl. auch Husserl, *Logische Untersuchungen*, 2. A., I, S. XIII; *Ideen I*, S. 4ff., *Philosophie als strenge Wissenschaft*, S. 318 Anm., ferner Entwurf einer "Vorrede" zu den *Logischen Untersuchungen* (1913), S. 329f.

[42] "Die reine Phänomenologie stellt ein Gebiet neutraler Forschungen dar, in welchem verschiedene Wissenschaften ihre Wurzeln haben. Einerseits dient sie zur Vorbereitung der Psychologie als empirischer Wissenschaft... Andererseits erschließt sie 'Quellen', aus denen die Grundbegriffe und die idealen Gesetze der reinen Logik 'entspringen'...". *Logische Untersuchungen*, 2. A., II, Einleitung, § 1, insbesondere S. 4. Vgl. auch Becker, *Die Philosophie E. Husserls*, S. 128; ferner Gurwitsch, *On the Intentionality of Consciousness*, S. 65ff.

zielt die Phänomenologie in den "Logischen Untersuchungen" nur auf die deskriptive Analyse der Erlebnisse bezüglich ihrer reellen Bestandteile ab [43]. Sie bietet sogar als Erkenntniskritik nach Husserl die Grundlage sowohl für Logik und Mathematik als auch für die Psychologie und alle anderen empirischen Wissenschaften [44]. Husserls Auseinandersetzung mit Brentanos "äußerer und innerer Wahrnehmung" ist zweifellos noch nicht ausdrücklich motiviert vom Streben, in bezug auf die adäquate Evidenz die Phänomenologie als eine apriorische Wissenschaft durch die Wesenheit des Wesens und somit durch die Ideation zu begründen [45].

Es ist vielmehr zu erkennen, daß Husserl die Wissenschaftlichkeit der Phänomenologie in der originären Selbstgegebenheit der reellen Bestandstücke des reinen Bewußtseins begründet sieht. Damit ist gesagt, daß die Phänomenalität des "Phänomens" im erkenntnistheoretischen unmittelbaren Bezug des reflektiven Blicks auf die reellen Komponenten der eigenen Erlebnisse zu erblicken ist [46]. Streng genommen, umgreift die Phänomenologie in diesem Zusammenhang selbst im Vergleich mit der durch die phänomenologische Epoché eröffneten Komplexgruppe von intentionalen Zusammenhängen des transzendentalen Bewußtseins nur ein kleines Teilgebiet.

Nur parallel zur ausschlaggebenden Gedankenentwicklung der transzendental-phänomenologischen Reduktion wird auch von Husserl in Richtung auf die Ideation und Wesenslehre ein entscheidender Schritt getan [47]. Sie erfuhr innerhalb der Phänomenologie eine Umgestaltung hinsichtlich ihrer Bedeutung und

---

[43] *Logische Untersuchungen*, 1. A., II, S. 21.
[44] *Logische Untersuchungen*, 1. A. II.
[45] Dennoch vertritt der Verfasser dabei die Auffassung, daß Husserl doch den ersten Schritt zu dieser neuen Richtung der Gedankenentwicklung schon dort vorweggenommen habe hinsichtlich der allgemeinen Begründung der adäquaten Evidenz, als er die Einleitung des zweiten Bandes und die Beilage der *Logischen Untersuchungen* schrieb.
[46] a.a.O., S. 711f.
[47] Die Philosophie Husserls nimmt dennoch eine kontinuierliche Entwicklung. So tritt z.B. die transzendentale Reduktion um 1906/7 nicht als plötzlicher Umbruch auf, wie etwa Lyotard behauptet (*La phénoménologie*, S. 19), sondern ihr Keimgedanke wird nicht nur in den *Logischen Untersuchungen*, sondern sogar in *Philosophie der Arithmetik* ersichtlich. Vgl. Husserl, *Logische Untersuchungen*, 1. A., II, S. 694ff., S. 711. Hinsichtlich des widernatürlichen Charakters vgl. a.a.O., S. 10f., ferner auch Husserl, *Zeitbewußtsein*, S. 370, weiter Thévenaz, *Qu'est-ce que la phénoménologie*, S. 20ff. Bezüglich der "Reflexion" vgl. Biemel, *Die entscheidenden Phasen der Entwicklung in Husserls Philosophie*, S. 194, 197f.

Aufgabe. Erst in der "Idee der Phänomenologie" wurde von Husserl die Phänomenologie als die allgemeine Wesenslehre gekennzeichnet [48]. Erst damit ist auch die Wesensschau ausdrücklich zum Methodenbegriff ausgeprägt als die eidetische Reduktion. Dementsprechend ist auch die sogenannte "Voraussetzungslosigkeit" der Phänomenologie von Husserl erst jetzt als die Apriorität ihrer Wissenschaftlichkeit ausgelegt [49]. Von nun an handelt es sich bei dem Problem des Apriori im allgemeinen um das "Eidos", d.h., um das Wesen, bzw. um die Wesensschau [50].

Freilich ist die tatsächliche Entwicklung des Husserlschen Gedankens in dieser Sache nicht so gradlinig, wie hier dargestellt. Wie Fink nachwies, hat sich Husserl bis zum Ende seines Lebens außer mit dem Problem der Konstitution immer wieder mit der Frage des Wesens und der Wesensschau befaßt [51].

§ 7. EIDETIK, PHÄNOMENOLOGISCHE REDUKTIONEN UND DIE TRANSZENDENTALPHILOSOPHIE EDMUND HUSSERLS

In den vorhergehenden Paragraphen wurde festgestellt, worin historisch gesehen in Husserls Gedankenentwicklung die "Wesensschau" als Methodenbegriff der Phänomenologie verwurzelt ist. Die jetzt zu stellende Frage richtet sich nun darauf, welcher Sinn und welche Aufgabe in concreto dieser Wesensschau in der Ausbildung der reinen (transzendentalen) Phänomenologie Edmund Husserls zukommt. Damit haben wir uns mit dem Problem auseinanderzusetzen, wie sich im Philosophieren Husserls die "phänomenologische Methode" zu seinem "transzendentalen Idealismus" verhält.

Es wurde in den "Logischen Untersuchungen" schon deutlich ersichtlich, daß die "Wesenswissenschaften" (d.h. die eidetischen Wissenschaften) von den Tatsachenwissenschaften zu unterschei-

---

[48] Husserl, *Philosophie als strenge Wissenschaft*, S. 300f., 316ff.; ferner *Idee der Phänomenologie*, S. 3, 14, 51; *Ideen* I, S. 6.
[49] Husserl, *Logische Untersuchungen*, 1. A., II, S. 19ff.; ferner *Ideen* I, S. 41.
[50] Das Wort des "Eidos" wurde erst in *Ideen* I terminologisch eingeführt. Vgl. Husserl, *Ideen* I, S. 8f, 43ff.; ferner *Idee der Phänomenologie*, S. 51ff.
[51] Fink, *Husserls Spätphilosophie*, S. 112.

den seien, obwohl dort dieser Gedanke noch nicht zu seiner terminologischen Präzision gelangt war [52]. Erst in der Übergangszeit (schon in "Idee der Phänomenologie") war es Husserl möglich, die reine Phänomenologie auch als Wesenslehre explicite zu konzipieren. Das äußerliche Motiv dafür ist zweifellos darin zu sehen, daß gegenüber dem ersten Band der "Logischen Untersuchungen" der zweite Band als eine Art Rückfall in den Psychologismus kritisiert wurde. Innerlich gesehen aber ergibt sich seine "Kehre" aus seiner klaren Einsicht in das Evidenzproblem, das Husserls philosophische Besinnung bis zum Ende seines Lebens immer wieder bewegt hat.

Die Rede ist von Husserls Einsicht, daß allein die reelle immanente Bezogenheit des reflexiven Bewußtseins auf sich selbst, d.h. auf die sogenannten "reellen Bestandteile" seines eigenen Bewußtseins, welches doch zeitlich, d.h. strömend, ist, als Kriterium für die Wissenschaftlichkeit der Phänomenologie unzulänglich bleibt. Es erweist sich ferner hinsichtlich des Umfangs der Forschungsobjekte als zu eng bezüglich der Fundierung der Allgemeingültigkeit wissenschaftlicher Erkenntnisse als unzureichend [53]. Es reicht nicht aus, um die Phänomenologie als "Grundwissenschaft der Philosophie" zu begründen.

Bei alledem ist das Problem von Wesen und Wesensschau sehr komplex. Denn es ist nicht nur so, daß ihre eindeutige Bestimmung gemäß der Gedankenwende Husserls fehlt, sondern auch so, daß diese Problematik einen der wesentlichen operativen Horizonte des Husserlschen Philosophierens ausmacht. Wir haben in dem vorhergehenden Paragraphen versucht, die erste Phase der "Entwicklung" von "Wesen" und "Wesensschau" zu thematisieren. Vergleichen wir nunmehr zunächst Husserls Gedanken aus der Zeit von "Idee der Phänomenologie" mit dem aus "Ideen I", so tritt deutlich hervor, daß in den beiden Werken nicht nur der Zusammenhang zwischen "Phänomenologie" und "Eidetik" verschieden ist, sondern auch die Ausprägung der Wesensschau als Methodenbegriff anders ist. Die Wesensschau

---

[52] Die deutliche Formulierung findet man z.B. in *Ideen* I, S. 6f., 10ff., 23.

[53] Es ist zu bemerken, daß die Abschwächung, die Verminderung des Sinnes des Begriffs "Wesen", d.h. die weitere Befreiung dieses Begriffs von der traditionellen Ausprägung in der abendländischen Philosophiegeschichte durch Husserls radikale Besinnung darauf seine Entwicklung der "intersubjektiven Reduktion" veranlaßt haben muß. Vgl. unsere *Kritik des Schelerschen Begriffs "Wesen"*, besonders im Hinblick auf seine Allgemeingültigkeit.

(d.h. die Ideation) als methodologischer Begriff der Phänomenologie wird erst in der Zeit der "Ideen I" thematisch bedacht.

In der "Idee der Phänomenologie" – dies sei noch einmal gesagt – bezeichnet Husserl die Phänomenologie als "die allgemeine **Wesenslehre**" und ordnet in sie die Thematik seiner eigentlichen ihm damals für zentral geltenden Forschungsaufgabe (die "Erkenntniskritik") ein [54]. Hiermit ist die Phänomenologie mit der "**Wissenschaft vom Wesen**", d.h. der späteren Terminologie nach mit der "**Eidetik**", **gleichgesetzt**, und das Phänomen besagt nichts anderes als "einsichtig erfaßtes Wesen". Dieses Erfassen ist dabei als eine intuitive Erschauung von neuartigen Gegenständlichkeiten auszulegen. Insofern bedeutet die Phänomenalität des "Phänomens" nun **die intuitive, unmittelbare Selbstgegebenheit des Wesens in der Wesensschau**.

Die Wesenheiten sind als sogenannte "allgemeine, d.h. kategoriale Gegenständlichkeiten" von den individuellen (realen) Gegenständen, d.h. von den "Tatsachen" zu unterscheiden und geben sich selbst **adäquat** [55]. Das intuitiv erfaßte Wesen weist "intentional" keineswegs auf einen schlichten passiven Erkenntnisakt hin, wie er für die empirische Wahrnehmung in Frage kommt [56]. Der Akt, dem es zugehört, ist ein aktiver, komplexer, Akt der Erkenntnis, den Husserl zunächst die "ideierende Abstraktion" oder "Ideation" nennt. Er soll anderen eidetischen Wissenschaften wie der Geometrie als der methodische Operationsakt zugrundeliegen.

Nach Husserl ist die so aufgefaßte Wesensschau ein sehr mühsamer, langwieriger Prozeß der freien phantasiemäßigen Um-Variation. Die durch diesen Prozeß erreichte Wesenserfassung in ihrer adäquaten Evidenz stellt nach Husserl die letzte Instanz für die Wissenschaftlichkeit der Phänomenologie und der phänomenologischen Philosophie als System der wahrhaft ursprünglichen eigentlichen Erkenntnisse dar.

Von den "Ideen I" an faßt Husserl den Begriff "Phänomenologie" weit enger auf als in der "Idee der Phänomenologie". Um

---

[54] *Idee der Phänomenologie*, S. 3. Man übersicht oft Husserls Betonung der absoluten Evidenz de Wesenserfassung im Schatten der neuen Richtung der Transeendentalphilosophie in diesen Vorlesungen.

[55] In "*Ideen I*" hat Husserl schon Zweifel an der **adäquaten** Gegebenheit der Ideation im allgemeinen.
Vgl. *Ideen* I, S. 15, Anmerkung.

[56] Vgl. S. 43 dieser Arbeit.

diesen begrenzteren Sinn der Phänomenologie hervorzuheben, bezeichnet Husserl sie oft als die reine oder transzendentale Phänomenologie. Methodologisch betrachtet, soll diese reine Phänomenologie jedoch zuvor als die eidetische Wissenschaft gefaßt werden. Es ist von besonderer Bedeutung, daß die reine Phänomenologie als eidetische Wissenschaft und die anderen eidetischen Disziplinen von Husserl dennoch nicht nebeneinander gestellt werden, sondern daß nun die reine Phänomenologie als "Grundwissenschaft" der Philosophie hervortritt.

Neben der eidetischen Methode als Wesensschau wird als der Phänomenologie unentbehrliches methodisches Verfahren die "transzendentale Epoché" oder die "phänomenologische Reduktion" im prägnanten Sinne erstmals in der "Idee der Phänomenologie" eingeführt. Die Entdeckung dieser transzendental-phänomenologischen Reduktion verleiht der Husserlschen Phänomenologie ihre besondere Gestalt, insbesondere im Unterschied zu den anderen Richtungen der phänomenologischen Bewegung. Dies ist von den verschiedenen Husserlinterpreten immer wieder betont worden. Trotz der deutlich spürbaren Einflüsse Kants auf den damaligen Husserl, sowohl hinsichtlich der Terminologie ("transzendental", "Vernunftkritik" etc) als auch in bezug auf die Grundgedankenrichtung der transzendentalen Philosophie und trotz der Feststellung neuerer Forschungen, daß sich Husserl damals intensiv mit Kant, insbesondere mit der "Ersten Kritik", befaßt habe, steht außer Zweifel, daß die transzendental-phänomenologische Reduktion Husserls von nichts anderem als von Descartes' universalem Zweifelsversuch veranlaßt wurde [57]. Mit dem Vollzug des universalen Zweifels bemüht sich Descartes, auf das absolute, apodiktisch-evidente, d.h. unbezweifelbare Fundament aller Erkenntnisse zu gelangen. Er findet es, das "ego-cogito", dadurch, daß er auf alle anderen Erkenntnisse (d.h. die gesamten "cogitata") wegen ihrer Hinfälligkeit und Zweifelhaftig-

[57] Nicht der direkte Bezug auf Kant, sondern auf Descartes, ist in Husserls Kritik der Kantischen Philosophie hinsichtlich der methodologischen Problematik zu sehen, da Kant keine philosophische Methode besaß, um die transzendentalen Zusammenhänge wesensmäßig zur (intuitiven) Einsicht zu bringen. Vgl. Kern, *Kant und Husserl*, S. 26. Das Transzendentale in der Kantischen Philosophie, d.h. die apriorische (i.e. formale) Struktur der Gegenstandskonstitution (im Sinne der allgemeinen Bedingung der Möglichkeit der synthetischen Erkenntnis a priori), kann auf keine Weise zur ursprünglichen Erkenntnis (d.h. der anschaulichen Selbstgegebenheit) gebracht werden. Hingegen ermöglicht nach Husserl die phänomenologisch-transzendentale Reduktion unserem thematisch-besinnenden Blick mit adäquater Evidenz die transzendentalen Zusammenhänge des "Ego-cogito-cogitatum" so zu geben, wie sie selbst sind.

keit im Sinne ihres Nicht-wahr-sein-könnens verzichtet, indem er sie negiert, um damit im Akt des Negierens selbst die Existenz des "ego-cogito" als die absolut sichere Tatsache zu rechtfertigen. Husserl dagegen versucht durch die Epoché, durch das "Einklammern der Realthesis", das Wesentliche aus dem cartesianischen universalen Zweifelsversuch herauszunehmen, insofern der Vollzug der "transzendentalen Epoché" das Umsetzen von der natürlichen in die transzendentale Einstellung uns aus dem Dahinleben der mundanen, alltäglichen, vorurteilshaften Verborgenheit unseres Lebens ausschaltet. Damit wird von der "Generalthesis" der realen, d.h., uns als da-seiend umgebenden, Welttotalität abgesehen, und es wird abgesehen von dem, was dem Bewußtsein, d.h. dem "transzendentalen Ego", transzendent (aber nicht transzendent in der Immanenz) ist. Denn durch die phänomenologische, transzendentale Reduktion werden wir von der "natürlichen Einstellung", worin wir nicht nur auf den einzelnen Gegenstand, sondern auch auf das Universum als die Totalität der Wirklichkeit mit unkritischer (d.h. dogmatischer) Selbstverständlichkeit erkennend, wertend, wollend etc. bezogen sind, verlegt auf die "phänomenologische Einstellung". In dieser sind wir außerhalb der "doxischen Setzung" von allem Seienden als Seiendem, sind wir in der Lage, ohne mit der Realität verschmolzen zu sein, "uninteressierte", philosophische Zuschauer zu werden. Das bedeutet, wir können das Ausgeschaltete, das in Klammern Gesetzte, das "Noema" als Leitfaden der intentionalen Analyse im Zusammenhang mit seinem "Intentionskorrelat", der konstituierenden Leistung der transzendentalen Subjektivität, der "Noesis", genau so, wie sie sind, unmittelbar zur originären Gegebenheit (Wesensschau) bringen und ihre intentionalen Zusammenhänge thematisch erforschen.

Nach dem Vollzug der phänomenologischen Reduktion zeigt sich das, was in der natürlichen Einstellung als seiend gilt, der phänomenologischen Einstellung als das intentionale Korrelat der konstituierender Subjektivität, d.h., als Phänomen im transzendental-phänomenologischen Sinne. Nichts geht nach Husserl durch die Durchführung der "Epoché" von dem verloren, was wir in der naiven, natürlichen Einstellung erfahren [58]. Was phänomenologisch reduziert ist, ist nur außer jener naiv-dogmatischen

[58] *Ideen* I, S. 74, 119.

Seinsgeltung gesetzt und damit auf das transzendentale Subjekt relativ bezogen.

Der durch die phänomenologische Reduktion eröffnete Horizont wird von Husserl in den "Ideen I" das "phänomenologische Residuum" genannt. Dieses ist von allem Transzendenten völlig unabhängig durch die phänomenologische Reinigung, die Epoché, und macht die absolut notwendige und ursprünglichste Seinsregion aus, die nicht nur allen mundanen Erkenntnissen, sondern auch eidetischen und Tatsachenwissenschaften zugrundeliegt.

Für Husserl ist also die phänomenologisch-transzendentale Reduktion ein widernatürlicher, mühseliger, schrittweise zu vollziehender Prozeß, der uns von den jede Art des Reduktionismus sowie von den "die Sache selbst" verdeckenden Vorurteilen befreit und uns somit auf die ursprünglichste Tatsache (das "Phänomen" im prägnanten Sinne) zurückführt. Sie ist zusammen mit der "eidetischen Methode" das der reinen Phänomenologie unentbehrliche, eigentlich wissenschaftliche Verfahren, wodurch sich uns das Ganze der intentionalen Zusammenhänge als die Totalität der phänomenologischen Thematik Husserls eröffnet, die durch die intentionale Analyse (als Explikation von transzendentalen Implikationen) der adäquaten Einsicht und damit der ursprünglichen Quelle der wissenschaftlichen Erkenntnis zugänglich gemacht wird.

Damit kann die reine Phänomenologie Husserls schließlich als die "Wesenslehre" vom transzendental gereinigten Bewußtsein" gekennzeichnet werden. Sie konstituiert das Fundament aller Fundamente und ist damit das erstrebte Ideal der Geschichte der abendländischen Philosophie.

Methodologisch gesehen, ist nach dem Gesagten die Phänomenalität des "Phänomens", worauf sich die reine Phänomenologie thematisch bezieht, nicht nur durch die Epoché ermöglichte transzendentale Reinheit, sondern sie ist auch durch die Apriorität, die nach Husserl als Wesenheit des Wesens die "materiale", intuitive Selbstgegebenheit" besagt, wesentlich bestimmt.

Aus dem Gesagten geht deutlich hervor, daß die reine Phänomenologie als Transzendentalphilosophie die Grundlegung für alle Wissenschaften sowie alle mundanen Erkenntnisse abgibt. Wenn auch die reine Phänomenologie sich als Wesenslehre durch die transzendentale Epoché von den anderen eidetischen Wissenschaften unterscheidet, so ist es dennoch nötig zu fragen, wie sich die Phänomenologie zu allen anderen eidetischen Wissenschaften verhält. In den "Ideen I" kommt Husserl wieder auf das alte Schema der "Logischen Untersuchungen" zurück und unterscheidet innerhalb der Eidetik (außer der reinen Phänomenologie) die formalen von den materialen Wissenschaften eidetischer Art. Die ersteren führt er unter der Bezeichnung formale Ontologie aus, die nichts anderes als die Verwirklichung des cartesianischen Ideals von der "mathesis universalis" sein soll und der allgemeinen Logik in den "Logischen Untersuchungen" entspricht. Die andere bezeichnet die regionalen Ontologien, die die Grundlage für die jeweiligen höchsten Sinn-Gattungen ausmachen.

Gegenüber der Leibniz-Wolffschen Ausprägung dieses Verhältnisses sowie gegenüber der Kantischen Interpretation befaßt sich die formale Ontologie Husserls mit der formalsten Struktur von allem Seiende und konstituiert die unentbehrliche, allgemeinste Grundlage für alle andere Wissenschaften und für alle urteilsmäßig zu formulierenden Erkenntnisse.

Trotz des vermeintlichen Einwandes, daß die formale Ontologie durch die Epoché nicht außer Geltung gesetzt und eingeklammert wird, gilt dennoch, daß sie wie die materialen Ontologien auch in die phänomenologische Reduktion einbezogen werden muß und erst dann von ihr Gebrauch gemacht werden kann, wenn sie durch die intentionale Analyse als ursprünglich erwiesen ist. Denn das "phänomenologische Residuum" ist seinem Wesen nach das "Phänomen", das absolut mit adäquater Evidenz sich selbst gibt, und entspricht dem Ideal des cartesianischen Substanzbegriffes: "Res, quae ita existit, ut nulla alia rei indigeat ad existendum" [59].

Zwar wird in den "Ideen I" die Phänomenologie auch als eine eidetische Wissenschaft bezeichnet, aber sie steht nicht neben den anderen eidetischen Wissenschaften, sondern liegt diesen zugrunde. (In der reinen Phänomenologie heißt Wesen das Wesen des Zusammenhanges des transzendentalen Bewußtseins).

In den "Ideen I" erfährt der Begriff Wesensschau auch eine Umgestaltung. Wie Husserl selbst sagt, faßte er den Begriff "Wesensschau" oder "Ideation" vor den "Ideen I" als einen adäqua-

---

[59] Descartes, *Principia philosophiae*, Bd. I, 51.

ten, sich selbstgebenden, intuitiven Akt auf. Erst in den "Ideen I" macht Husserl auf das Bedürfnis der Erweiterung des Terminus aufmerksam und versteht unter der Wesensschau nicht nur die adäquate, sondern auch die inadäquate Erschauung des Wesens [60]. Nach Husserl gehört es zur eigenen Artung gewisser Wesenskategorien, ob sie adäquat oder inadäquat gegeben sind [61]. So wird von ihm behauptet, daß z.B. das dem transzendentalen Bewußtsein immanente Wesen adäquat gegeben ist, während die ihm "transzendenten" Wesenheiten nur inadäquat gegeben sind. Hierbei irrt sich Husserl darin, daß die Gegebenheitsweise der Wesensschau hinsichtlich der Adäquatheit und Inadäquatheit durch die bestimmte Seinsart des individuellen Gegenstandes bestimmt ist [62]. Ein dem Bewußtsein transzendentes Ding kann in der empirischen Wahrnehmung nur inadäquat gegeben werden. Das besagt aber nicht, daß das Wesen dieses Dinges auch inadäquat, intuitiv gegeben werden muß. Vielmehr kann sich dieses Wesen vollkommen adäquat als das Wesen des in der Wahrnehmung nur inadäquat zu gebenden Gegenstandes geben. Damit behaupten wir nicht die Möglichkeit auszuschließen, daß irgendein Wesen durchaus inadäquat originär sich geben mag. So schließen wir uns Husserls fundamentaler Annahme nicht an, daß das Wesen des "phänomenologischen Residuums" nur adäquat gegeben werden kann.

Wegen der Endlichkeit unseres Wesens ist es für uns ferner ausgeschlossen, zu einer vollkommenen Wesenserschauung zu gelangen. Vielmehr ist das Wesen entweder als Idee im Kantischen Sinne oder begrenzt gegeben, sodaß die phänomenologische transzendentale Reduktion wesensmäßig nie abgeschlossen ist [63]. Denn zum Wesen der phänomenologischen Zugangsart gehört die Horizontstruktur, und zwar so lange, als die phänomenologisch-intentionale Analyse (und Beschreibung) nach der Gegebenheitsweise durchzuführen ist. Wir halten deshalb die Entdeckung des Horizontcharakters der Erfahrung für einen der wichtigsten Beiträge Edmund Husserls.

Es ist festzustellen, daß – trotz des Bestehens Husserls' auf der

---

[60] *Ideen* I, S. 13, 15 Anm. 2, S. 429.
[61] a.a.O., S. 13, 14.
[62] Später bemerkt er dies selber und korrigiert es in der Beilage zu *Ideen* I, vgl. a.a.O., S. 419.
[63] Vgl. *Ideen* I, S. 419.

INTENTIONALE ANALYSE DES EMOTIONALEN LEBENS 57

adäquaten Erschauung des dem Bewußtsein immanenten Wesens – aus der Tatsache der Unabschließbarkeit der Reduktion hervorgeht, daß diese Wesensschau der inneren Reflexion auch den Horizontcharakter besitzt [64]. Aus der Durchführung der konkreten phänomenologischen Analyse in der späteren Zeit wird dies erkennbar im wesensmäßig stufenartigen Charakter der Evidenz der Wesensschau [65]. In diesem aus der menschlichen Erkenntnis als solcher notwendig entstehenden Problem des Wesens der Evidenz findet sich vielleicht auch der Anschluß für das Verständnis der weiteren Entwicklung von der intuitiven Phänomenologie zur hermeneutischen Phänomenologie [66]. Aber es zeigt sich auch, daß die Eidetik als die philosophische Wissenschaft, ob unter dem Gesichtspunkt regionaler Ontologien oder dem der transzendentalen Phänomenologie, als Wesenslehre streng genommen nur als "Idee" im Kantischen Sinne möglich ist. Man könnte es auch so formulieren, daß das Wesen des dem Bewußtsein Transzendenten räumlichen Horizontcharakter besitzt, während das Wesen des dem Bewußtsein Immanenten durch den zeitlichen Horizontcharakter bestimmt ist [67]. Husserls Versuch, das Sein alles transzendenten Seienden von der konstituierenden Leistung des transzendentalen Bewußtseins und seiner Struktur her zu klären und zu deuten, ist an und für sich ein metaphysischer Entwurf, der darauf ausgeht, das Seiende in der Welt von dem "Subjekt" her auszulegen und damit abzuleiten. Die damit angegebene Richtung wird von den Grundbestimmungen des Philosophierens, wie sie von Descartes und Kant gegeben wurden, getragen.

Nach der philosophischen Gesinnung steht das Leitmotiv der Phänomenologie und der phänomenologischen Schule zweifellos im Gegensatz zu dieser idealistisch-metaphysischen Tendenz Edmund Husserls. In seiner späteren Philosophie wird daher auch der Zwiespalt zwischen diesen beiden Richtungen, nämlich der "phänomenologischen" und der "idealistischen" deutlicher [68]. Wie Eugen Fink nachdrücklich hervorhebt, schwebt beispiels-

---

[64] Vgl. *Ideen* I, S. 397. Husserl, Erste Philosophie S. 148/9 z. B.
[65] Vgl. Husserl, *Formale und transzendentale Logik*, S. 249; *Erfahrung und Urteil*, S. 422ff.; *Die Krisis*, S. 173, 359.
[66] In diesem Zusammenhang kann dieses Problem nicht eingehend erörtert werden.
[67] Hinsichtlich der Horizontstruktur des reinen Bewußtseins vgl. *Ideen 2*, S. 396ff.
[68] Landgrebe, *Der Weg der Phänomenologie*, S. 9ff, 164.

weise Husserls Konstitutionsbegriff zwischen dem der Schaffung und dem der Bestimmung. Nach Fink konzipiert Husserl sogar den für ihn unheimlichen Begriff des "Urgrundes", des Urgrundes, aus dem der Unterschied zwischen Subjekt und Objekt, Noesis und Noema, Wesen und Existenz sich erst ergeben soll [69].

Auf der anderen Seite bezieht sich Husserls phänomenologische Analyse auf die konkreten Erlebnisse, die Husserl als "**vorprädikative Erfahrung**" kennzeichnet. In "Erfahrung und Urteil" sowie in "Die Krisis" geht Husserl auf die genetische ursprüngliche Erfahrung zurück. Bei der letzten Phase seiner Gedankenentwicklung im Hinblick auf unsere Thematik des Wesens und der Wesensschau handelt es sich um das Verhältnis zwischen "Wesen" und "Typus" [70].

Nach dem späteren Husserl beruht die "**Typisierung**" unserer Erfahrung der Lebenswelt in der natürlichen Einstellung, sowohl auf der vorprädikativen als auch auf der prädikativen Schicht. Im dritten Abschnitt von "Erfahrung und Urteil" geht Husserl dem Stufenbau der allgemeinen Gegenständlichkeiten Schritt für Schritt nach. In der niedrigsten Bildung derselben, so versucht Husserl aufzuweisen, konstituieren sich alle Gegenstände der Erfahrung passiv durch sogenannte Assoziation, die quasi rezeptiv die Synthesis des Gleichen mit dem Gleichen bedeutet [71]. Die assoziative Synthesis der als typisch gegebenen Gegenstände bezeichnet Husserl auch manchmal im Unterschied zur aktiven Synthesis der höheren allgemeinen Begriffsbildung als **vorkonstitutiv**. Allerdings völlig **operativ** verstanden, führt er den Begriff "Interesse" ein, um diese passive Vorkonstitution der niedrigsten empirischen Allgemeinheiten (d.h. "Typen") hinsichtlich ihrer "inneren Affinität" als subjektive Leistung auszulegen [72].

Danach wird also die faktische Welt der Erfahrung typisiert erfahren. Das heißt, nach dem eigentlich Wahrgenommenen ist der Erfahrungsgegenstand nicht artikuliert als die Summe von eigenartigen Besonderheiten, sondern tritt sogar in der sinnlichen

[69] Vgl. Fink, *L'analyse intentionnelle et le problème de la pensée spéculative*, S. 6off.
[70] Wir verweisen auf den kurzen Aufsatz von Alfred Schutz. Schutz, "Type and Eidos in Husserl's Late Philosophy", in: *Collected Papers* III, S. 93–115.
[71] Damit ist gesagt, daß alle Gegenstände der Erfahrung nach Husserl immer schon typisiert erfahren werden. Vgl. Husserl, *Erfahrung und Urteil*, S. 74ff., 385.
[72] Husserl, *Erfahrung und Urteil*, S. 386; vgl. auch Schutz, Type and Eidos in "Husserls Late Philosophy", in: *Collected Papers* III, S. 96, 98.

Wahrnehmung als Bekanntes im Hinblick auf seine Affinität mit dem Vor-Bekannten hervor und ist als vom bestimmten Typ erfahren, indem er uns ohne weiteres an die Gemeinsamkeit mit dem jeweiligen Allgemeinen erinnert.

Husserl nennt das die apperzeptive Übertragung [73]. "Dinge sind erfahren als Baum, Strauch, Tier, Schlange, Vogel: im besonderen als Tanne, als Linde, als Holunderstrauch, als Hund, als Natter, als Schwalbe, als Spatz usw." [74]. Diese Dinge, die als Typen erfahren sind, bringen den Bekanntheitshorizont als mögliche weitere Erfahrung mit sich.

Diese passive Vorkonstitution des Typus durch das selektive Interesse auf die bestimmten gemeinsamen Züge macht die niedrigste Konstitution des Allgemeinen aus. Dieser auf der vorprädikativen Schicht passiv vorkonstituierte Typus ist primär nicht als das Allgemeine als solches erfahren, sondern fungiert dabei operativ in der Erfahrung des individuellen Gegenstandes: und zwar ist der Gegenstand auf dieser Stufe als bekannt in bezug auf einen bestimmten Typus erfahren. Aber es bleibt diese Bezogenheit des Gegenstandes auf jenes typisch Allgemeine unthematisch.

Erst durch das thematisierende Interesse für diesen gemeinsamen Typ kann das niedrigste empirische Allgemeine nicht mehr passiv, sondern aktiv konstituiert werden. Dieses Erfassen des Typisch-Allgemeinen, die aktive Konstitution der empirischen allgemeinen Gegenständlichkeiten bezeichnet Husserl als eine neue Art spontan erzeugender Leistung, worin sich neue Gegenständlichkeiten, d.h. "Typen" als solche, konstituieren [75].

Diese allgemeine Begriffsbildung (Sinnbildung als Gegenstandskonstitution) des Typus sowie sein intuitives Erkennen sind ermöglicht durch eine freie Phantasiebildung, so ähnlich wie die eidetische Reduktion [76]. Zum Typus gehört ein Bestand von typischen Merkmalen mit einem offenen Horizont der Antizipation der weiteren möglichen Erfahrung.

"Daraus erwächst über die wirkliche Erfahrung des Typus hinausgehend eine präsumptive Idee eines Allgemeinen [77]. Diese be-

---

[73] Husserl, *Erfahrung und Urteil*, S. 399.
[74] a.a.O., S. 398, 399.
[75] Husserl, *Erfahrung und Urteil*, S. 397ff.; vgl. auch *Ideen* I, S. 387ff.
[76] Husserl, *Erfahrung und Urteil*, S. 388.
[77] a.a.O., S. 401.

stehende Präsumption besagt auf dieser Stufe nach Husserl "die beständige empirische Gewißheit" [78].

Abgesehen von dem Unterschied zwischen wesentlichen und außerwesentlichen Typen, worauf wir später zurückgreifen werden, handelt die dritte Konstitution von der Konstitution des allgemeinen Wesens oder der formalen allgemeinen Begriffe. Erst hierbei handelt es sich um die Wesensschau als Methode für die Erfahrung der reinen Allgemeinheit. In der vollständigen Form stellt Husserl die eidetische Reduktion in seinem dreistufigen Prozeß so ähnlich wie in den "Ideen I" und den "Ideen III" dar [79]. Zur Gewinnung des reinen Wesens genügt nach Husserl die durch das thematische Interesse erzeugte präsumptive Idee nicht, denn das im empirisch Gegebenen sich zunächst abhebende Allgemeine muß von der ihm zugehörigen Zufälligkeit gereinigt werden. Diesen Prozeß faßt Husserl als die freie Um-Variation auf. Er ereignet sich als die spontane "Abwandlung einer erfahrenen oder phantasierten Gegenständlichkeit zum beliebigen Exempel, das zugleich den Charakter des 'leitenden Vorbildes' erhält, des Ausgangsgliedes für die Erzeugung einer offen endlosen Mannigfaltigkeit von 'Varianten'" [80].

Durch diese phantasiemäßige Umgestaltung bleibt notwendigerweise eine Invariante erhalten, als "die notwendige allgemeine Form, ohne die ein derartiges wie dieses Ding, als Exempel seiner Art überhaupt undenkbar wäre" [81]. Ein so daraus entstandenes invariables Was nennt Husserl ein allgemeines Wesen oder das Eidos [82]. Wie aus dem Gesagten hervorgeht, kann der Prozeß der Um-Variation nach Husserl völlig unabhängig von der konkreten Wirklichkeitserfahrung stattfinden: als das Exempel für die Variation genügt ein Phantasiebild [83].

Aus dem oben Ausgeführten über die eidetische Reduktion ist deutlich zu ersehen, daß die Wesensschau nach Husserl in der spontanen, durch die freie phantasiemäßige Um-Variation vollzogenen intuitiven Erfassung dessen besteht, was als Typus (d.h. als niedrigste Allgemeinheit) passiv vorkonstituiert ist [84].

[78] ebenda; vgl. auch *Ideen* I, S. 398.
[79] Husserl, *Erfahrung und Urteil*, S. 410ff.
[80] a.a.O., S. 410; vgl. auch Husserl, *Ideen* I, S. 163.
[81] a.a.O., S. 411.
[82] a.a.O., S. 411–413; vgl. auch Husserl, *Ideen* I, S. 12ff.
[83] Husserl, *Erfahrung und Urteil*, S. 397, 396; vgl. auch Husserl, *Ideen* I, S. 160ff.
[84] Husserl, *Erfahrung und Urteil*, S. 414.

Wenn damit die Analyse und Beschreibung Husserls über die eidetische Reduktion in "Erfahrung und Urteil" dargestellt ist, so ist es dennoch nötig, auch thematisch zu explizieren, wie sich eigentlich das Eidos zum Typus verhält.

Greifen wir zunächst kurz auf die schon angeführte Beschreibung der Konstitution der empirisch-typischen Allgemeinheit zurück. Alle Gegenstände der Erfahrung werden nach Husserl von vornherein als typisch-bekannt erfahren. Dieser phänomenologische Tatbestand beruht auf der sogenannten "Sedimentierung aller Apperzeptionen und ihrer habituellen Fortwirkung durch die assoziative Erweckung". Dieser Typus der natürlichen Erfahrungsapperzeption ist nach Husserl genetisch schon passiv vor-konstituiert gegeben; z.B. nehmen wir einen Naturgegenstand als Baum, Hund oder Tasse wahr, wobei diese empirisch-allgemeinen Typen als schon bekannt, passiv vorkonstituiert gegeben sind. Dieser Passivität der Vorkonstituierung beim typisierten Erfahren ist von Husserl scharf die aktive Spontaneität beim Erfassen des Allgemeinen schon auf der vorprädikativen Schicht gegenübergestellt. Diese Unterscheidung der Passivität und der Aktivität als wesentliche Merkmale für die Konstitution des Typus und des Wesens aber erweist sich als problematisch [85].

Die in der späteren Philosophie Husserls eine sehr wichtige Rolle spielenden Begriffe "Typus" und "Typisierung" haben nicht nur in "Erfahrung und Urteil", sondern auch in "Die Krisis" und "Cartesianische Meditationen" die enthüllende Funktion der intentionalen Analyse im besonderen Hinblick auf die genetische Problematik der Erfahrung des Allgemeinen erfüllt. Jedoch werden sie selbst thematisch nicht in Erwägung gezogen, ebensowenig wie "Affinität" (d.h. Ähnlichkeit), "synthetische Kongruenz", "Assoziation", "Erweckung des Gleichen durch Gleiches", "Interesse" usw. Es fragt sich darum z.B., ob "Typus" und Typisierung", "Affinität" und "assoziative Synthese" voraussetzen oder umgekehrt. Bedingt in unserem "gestalthaften" Erfahren der Typus bestimmter Art die Ähnlichkeit oder umgekehrt? Transponiert man z.B. ein musikalisches Thema von einer Tonleiter zur anderen, so fragt sich: bedingt dabei der Typus die Ähnlichkeit oder umgekehrt?

---

[85] Vgl. Ingardens kritische Anmerkung zu *Cart. Med.* S. 214; vgl. auch Schutz, "Type and Eidos in Husserl's Late Philosophy", in: *Collected Papers* III, S. 113ff.

In bezug auf die Begriffsbildung der einzelnen Wissenschaften unterscheidet Husserl als allgemeine Begriffe wesentliche und außerwesentliche Typen [86]. Ist es eigentlich in der natürlichen Einstellung möglich, einen solchen Unterschied durchzuführen, ohne Bezug auf irgendeine darauf bezogene wissenschaftliche Hypothese vorauszusetzen? Gibt es überhaupt als phänomenologischen Bestand ein absolutes Kriterium dafür? Oder bezieht sich die Unterscheidung auf die Ähnlichkeit, die eigentlich von dem Typus bestimmt wird? Die Fragwürdigkeit tritt dabei viel deutlicher hervor, wenn Typus und Typisierung auf die Region des transzendentalen Bewußtseins angewandt sind. Husserl bezeichnet z.B. in den "Cartesianischen Meditationen" den durch die Epoché eingeklammerten intentionalen Zusammenhang als allgemeinen wesentlichen Typus des "ego-cogito-cogitatum". Wie ist es hierbei für Husserl möglich, die auf der niedrigsten Stufe durch die assoziative Synthese passiv zu konstituierende Allgemeinheit für die Bezeichnung der transzendentalen Struktur zu verwenden? In der fortlaufenden Deckung kongruiert nach Husserl ein Typus, der unthematisch in der empirischen Erfahrung wirksam ist. Dieses passiv vorkonstituierte Allgemeine kann durch aktive intuitive Erfassung thematisch erschaut werden. Außer der Realitätsgeltung gesetzt, wird so anschaulich Erfaßtes zum Wesen oder Eidos. Wenn diese Fassung Husserls akzeptiert wird, ist der Unterschied zwischen Typus und Wesen nicht absolut, sondern relativ, d.h. graduell. Sicherlich soll das Wesen völlig unabhängig von der Wirklichkeit sein, aber ist die Möglichkeitsgrenze der freien Um-Variation des Wesens als Invariantes z.B. in der variierenden Phantasie doch durch den ihm "zugrundeliegenden Typus" als die empirische Allgemeinheit bestimmt?

Alle diese Fragen sind aus dem bisher veröffentlichten Text Husserls zu erschließen. Der verborgene Begriffszusammenhang der Wesensschau und des Typus weist gerade deshalb auf die Möglichkeit der Beantwortung der Frage hin, wie und warum Scheler seine Begriffe "Wesen" und "Wesensschau" derartig operativ gebraucht. Mit anderen Worten: die Husserlsche eidetische Reduktion (bzw. Typisierung) bietet den richtigen Ansatzpunkt zum Verständnis von Schelers Konzeption der Wesensschau; wobei kein Einflußverhältnis behauptet ist, sondern anzunehmen,

---

[86] Husserl, *Erfahrung und Urteil*, S. 402.

daß beide, Husserl und Scheler, sich "derselben Sache selbst" anzunähern versuchen.

Bevor wir zur Betrachtung der Phänomenologie Max Schelers übergehen, möchten wir kurz Husserls implizite Gedanken über das Wesen kritisch aufweisen. Wie Husserl selbst bewußt ist, schließt das Begriffspaar "essentia" und "existentia" meist in Dunkelheit verhüllte, vieldeutige, jedoch voneinander zu unterscheidende Sinnszusammenhänge in sich ein, die schon seit Platon und Aristoteles durch die Geschichte der abendländischen Philosophie hindurch dem spekulativen Denken immer wieder den möglichen Spielraum gegeben haben.

In bezug auf den Gegensatz von "Wesen" und "Tatsache", der in den "Ideen I" terminologisch eingeführt ist, trifft Husserl die Unterscheidung zwischen "ideal" und "real" [87]. Ausserdem enthält ferner der Begriff "Wesen" als seine Sinngehalte im Zusammenhang mit der "Tatsache": 1. die "Möglichkeit" (im Gegensatz zu der "Wirklichkeit")[88], 2. die "Notwendigkeit" (im Gegensatz zur "Zufälligkeit"), 3. das "Eins", τὸ ἕν (im Gegensatz zu dem "Viel", τὰ πολλά), 4. die "Allgemeinheit" (im Gegensatz zu der "Einzelheit"), 5. die "Unabhängigkeit", das "Freisein" (im Gegensatz zur "Abhängigkeit", dem "Gebundensein") und 6. das "Vorbild" (im Gegensatz zu dem "Partikulären") usw.

Damit kann Husserl durch die eidetische Methode zunächst das Wesenhafte als das allgemein-gültige, das Einzelne "apodiktisch" (d.h. notwendig) ermöglichende und von der Erfahrung unabhängige Ideal auslegen [89]. Im Vollzug der eidetischen Reduktion Husserls unterscheiden sich zwei heterogene Stufen der Wesensschau. Ihre erste Stufe besteht aus der freien Um-Variation der aktiven konstituierenden Leistung des allgemeinen Wesens. Durch diesen Prozeß werden die oben genannten, in seinem Sinngehalt implizit eingeschlossenen Grundzüge des Wesens methodologisch gesondert von ihren Gegenpaaren und zur einheitlichen Verknüpfung in der fortlaufenden Deckung gebracht. Auf der

[87] *Ideen* I, S. 8ff.
[88] Hierbei sehen wir natürlich von dem Fall ab, wo die Wirklichkeit vom eidetischen Gesichtspunkt unter anderen Möglichkeiten auch als eine Möglichkeit angesehen wird. Vgl. Husserl, *Erfahrung und Urteil*, S. 421.
[89] Die oben genannten gegensätzlichen Zusammenhänge sind keineswegs ausführlich, sondern es ist damit nur auf ein "semantisches" Problem des operativ entwickelten Tatbestandes abgezielt. Dabei ist außer Betracht gesetzt, was im I. Kapitel zur Erörterung kam.

zweiten Stufe wird daraufhin die aktive geistige "Überschiebung" der Kongruenz vollzogen,worin die als identisch aufgefaßte neue Gegenständlichkeit aus sich "selbst" hervortritt, d.h. zur schauenden Erfassung kommt [90]. Eigentlich sollte die Wesensschau oder die eidetische Reduktion die ursprünglichste Quelle der Rechtfertigung für die Wissenschaftlichkeit der jeweiligen Einzelwissenschaften darbieten, solange es sich dabei um intuitive Ausweise der fundamentalen (allgemeinen) Gegenständlichkeiten der einzelnen Wissenschaften des transzendenten Seienden handelt, seien es die formalen Ontologien, seien es die materialen Ontologien. Dabei besagt diese intuitive Erfassung des Wesens nichts anderes als adäquate Selbstgebung des "Seienden" (d.h. des allgemeinsten Apriori) der jeweiligen höchsten (sowohl "formalen" als auch "materialen") "Kategorien".

Wenn aber die Wesensschau auf die durch die Epoché ausgeschaltete, ursprünglichste, völlig andersartige "Seinsregion" angewandt wird [91] und die Phänomenologie als Wesenslehre des transzendental gereinigten Bewußtseins verstanden wird, ergeben sich daraus einige offensichtlich unlösbare Schwierigkeiten. In den anderen eidetischen Wissenschaften besteht die Bedeutung und Funktion der "eidetischen Methode" darin, durch die Wesensschau auf ihre "Grundlagen", d.h. auf das jeweilige ursprünglichste Seiende und seine Erkenntnis zurückzugehen. Was für einen Sinn und welche Aufgabe kann die eidetische Reduktion dann in der Intentionalanalyse als die letzte Seinsauslegung des Seienden von der transzendentalen Subjektivität her besitzen? Wie ist es denn überhaupt möglich, ohne in die Paradoxie hineingeraten zu sein, das Sein alles Seienden wiederum als ein Seiendes (i.e. "Wesen" oder "Eidos") intuitiv zu erfassen, obgleich die eidetische Reduktion die Wissenschaftlichkeit der reinen Phänomenologie rechtfertigen will und soll? Konnte Husserl trotz allem über die Überlieferung der traditionell abendländischen Metaphysik letzten Endes nicht hinausgehen? Legte er das Sein des Seienden doch als ein Seiendes aus?

Denn wenn die Husserlsche Intentionalanalyse schließlich die ontologische Weltinterpretation erzielt [92], kann der als "Eidos"

---

[90] Vgl. Husserl, *Erfahrung und Urteil*, S. 410ff., 419, 421.
[91] Den Begriff "Seinsregion" darf man eigentlich nicht darauf verwenden, auch nicht im übertragenen Sinne.
[92] Vgl. z.B. *Krisis*, S. 275.

INTENTIONALE ANALYSE DES EMOTIONALEN LEBENS 65

erfaßte Tatbestand der intentionalen Zusammenhänge nicht anders als auch ein Seiendes heißen. Oder ist die "Wesenheit" des Wesens des transzendental Reduzierten etwas anderes als die "Wesenheit" des Wesens des Seienden in der Welt im streng ontologischen Sinne? Wo findet man in den transzendentalen Zusammenhängen (d.h. nicht in der nicht-transzendental reduzierten Sphäre des Bewußtseins) sogenannte "Typen" in Parallele zu den in ihrer empirisch gegebenen Erfahrung niedrigsten Allgemeinheiten im Gegensatz zum Wesen? Ist nicht vielmehr der in der transzendentalen Sphäre verwandte Begriff "Typus" doch ein Produkt nicht der passiven Vorkonstitution, sondern der aktiven (sogar reflektiven) Synthesis? Kann Husserls zweideutiger Gebrauch des "Typus" dieses Problem befriedigend erklären? Ferner fragt sich, wie sich z.B. das Wesen des transzendentalen Ich des monadischen Individuums auf das Wesen des intersubjektiv reduzierten transzendentalen Ich bezieht. Solange diese Fragen unbeantwortet sind, bleiben, streng genommen, eigentlich Sinn und Aufgabe der "Wesensschau" in bezug auf die transzendentale Phänomenologie Edmund Husserls verhüllt.

Dennoch ist zu fragen, welchen Sinn und welche Aufgabe Husserl selbst der "Wesensschau" verleiht. Wir haben die Gedankenentwicklung Husserls bezüglich der "Wesensschau" verfolgt. Dabei zeigt sich, daß zunächst die Wesensschau in den "Logischen Untersuchungen" der deskriptiv-psychologischen Methode gegenübergestellt ist. Sie wird als ein den anderen eidetischen Wissenschaften zugrundeliegender Operationsakt aufgefaßt. Veranlaßt durch die starke Kritik am zweiten Band der oben genannten Arbeit nimmt Husserl neben der transzendentalen Epoché die Wesensschau auch als Grundlage der Phänomenologie und der phänomenologischen Philosophie auf, und zwar legt er die Phänomenologie als die allgemeine Wesenslehre oder Eidetik aus. Damit wird die Wesensschau oder Ideation zum erstenmal zum methodischen Verfahren der Phänomenologie gemacht, wobei die Phänomenologie als Wesenslehre den anderen eidetischen Wissenschaften eingeordnet ist.

Aus dieser Gleichsetzung der Phänomenologie mit der Eidetik ergibt sich für Husserl notwendigerweise eine bis zum Ende seines Lebens unlösbare Aporie, nämlich die, daß er nicht nur jedes innerweltliche Seiende in dem jeweilig ursprünglichen Seienden (d.h. "Eidos") gründen läßt (in Eidetiken), sondern auch das Sein dieses Seienden (die transzendentale Subjektivität) wiederum von dem Seienden her (der Eidetik) auszulegen versucht. Mit anderen Worten läßt Husserl dabei die ontologische Problematik auf die ontische zurückfallen, indem, wie gesagt, das durch die transzendentale Epoché zurückgefaßte Sein des transzendenten (d.h. des innerweltlichen Seienden) wiederum als ein Seiendes (d.h. "Wesen") durch die eidetische Reduktion verstanden ist.

In den "Ideen I" ist ohne Zweifel die transzendentale Phänomenologie durch den Anspruch auf ihre ursprünglichste Absolutheit als der ontologische Urgrund aufgefaßt. Allerdings bleibt im Hinblick auf die Allgemeingültigkeit der Wissenschaftlichkeit der Phänomenologie bis zum Ende der Gedanke Husserls, die transzendentale Phänomenologie als die Wesenslehre zu interpretieren.

In der späteren Philosophie Husserls tritt vorwiegend die Ansicht von "Typus" und "Typisierung" in der Horizontstruktur der Lebenswelt aus dem neuen Gesichtspunkt der genetischen Phänomenologie hervor, indem Typus und Typisierung bei der Analyse der Lebenswelt im Verhältnis zu Wesen und Wesensschau noch eine Aporie mit sich bringen.

Es ist überflüssig, nochmals darauf aufmerksam zu machen, daß die Wesensschau nicht nur von Husserls unmittelbaren Schülern, sondern auch von den zum sogenannten phänomenologischen Kreis gehörenden Nachfolgern als der eigentliche Kern der Phänomenologie und die wesentliche Errungenschaft Husserls angesehen wurde. "Von der Berufung auf Wesenseinsichten" so sagt Landgrebe, "wurde dabei in einem viel ausgiebigeren Maße als von Husserl selbst Gebrauch gemacht und ohne daß in gleicher Weise wie bei ihm über die Eigenart der 'Wesensschau' Rechenschaft abgelegt worden wäre" [93]. Nicht anders, als es bei den meisten Nachfolgern Husserls der Fall ist, wo von der Wesensschau als methodologischem Prinzip, um unmittelbar Gegenständlichkeit unnaturalistischer Art zu begründen (also für die Herausstellung des Anti-Reduktionismus), Gebrauch gemacht ist, findet man bei Husserl, daß Wesen und Wesensschau aus dem operativen Horizont heraus immer wieder thematisierend zur Frage gestellt sind. Die Hartnäckigkeit dieser Fragestellung ist nicht anders denn als Hinweis darauf zu verstehen, daß die Pro-

---

[93] Landgrebe, *der Weg der Phänomenologie*, S. 21.

blematik von Wesen und Wesensschau von seinem transzendentalen Idealismus aus sich nicht als auflösbar erwies. Doch sind wir der Auffassung, daß die Problematik trotz der Schwierigkeiten in der Analyse über Typen und Typisierung einen entscheidenden Ansatz zur weiteren Entwicklung der phänomenologischen Analyse bietet.

§ 8. PHÄNOMENOLOGIE UND REDUKTION BEI MAX SCHELER UND IHR SINN FÜR DIE ANALYSE VON WERT UND WERTERLEBEN

Durch die vorhergehende Analyse der reinen Phänomenologie Edmund Husserls sind wir in der Lage, hinsichtlich Sinn und Aufgabe der Phänomenologie Max Schelers dessen philosophische Methodik als den zweiten operativen Horizont kritisch zu explizieren.

Wie schon erwähnt, bemüht sich Scheler um den Aufschluß der philosophischen Probleme auf breitester phänomenologischer Basis. In Übereinstimmung mit Edmund Husserl bezeichnet Scheler die Phänomenologie keineswegs als eine spezifische philosophische Disziplin, sondern er hält sie für eine ganz neu entdeckte allgemeine Grundeinstellung des Philosophierens. Abgesehen von seiner unterschiedlichen "Einstellung" zu der Methode (d.h. zu einem zielbestimmten Denkverfahren über Tatsachen, z.B. Induktion, Deduktion [94]), der in unserem Zusammenhang geringere Bedeutung zukommt, versteht auch Scheler unter der Phänomenologie eine erst von Husserl entdeckte Zugangsart zur ganzen philosophischen Problematik, da durch sie die von überlieferten Gedanken bisher verborgenen Tatsachen enthüllt werden können, und diese "Tatsachen" selbst unmittelbar intuitiv, d.h. einsichtigem Sehen adäquat gegeben sind. Diese intuitiven Erkenntnisse von den Tatsachen selbst sollen nach Scheler die einzige ursprüngliche Grundlage des zukünftigen Philosophierens konstituieren.

Um Sinn und Aufgabe der Phänomenologie für Max Schelers Ausarbeitung der Axiologie bzw. der Grundlegung der Ethik thematisch zu explizieren, kehren wir zu einigen unausgesprochenen

[94] *Nachlaß*, Bd. 1, S. 380.

Voraussetzungen für seine Phänomenologie und seine phänomenologische Erfahrung zurück.

Im Gegensatz zu Husserl ist Schelers "Stellung im Kosmos" von vornherein durch die Problematik des praktischen Bezuges des Menschen auf die Welt bedingt: weder das theoretische Interesse, die Welt als das Ganze des Seienden durch den Anlaß der Frage nach der Grundlage der eidetischen Wissenschaften ontologisch-erkenntnistheoretisch aus der konstituierenden Leistung der transzendentalen Subjektivität heraus auszulegen, wie bei Husserl, noch der metaphysische Entwurf, sich mit der ontologischen Frage nach dem Sein des Seienden zunächst aus der Grundverfassung des menschlichen Daseins her hermeneutisch und dann "seynsgeschichtlich" zu befassen, wie bei Heidegger, ist das Scheler zur philosophischen Besinnung treibende Hauptthema. Vielmehr ist Max Schelers Interesse von Anfang bis zum Ende trotz seiner starken Wandlungen beherrscht von der Thematik des Sittlichen, resp. von den Themen Liebe und Haß, Sympathie und Ressentiment, Individuum und Solidarität usw.

In seiner Dissertation (1899) findet sich schon seine erste thematische Auseinandersetzung mit dem Problem der Grundlegung der Ethik, wenn sie auch auf eine bestimmte Phase dieses Problems begrenzt ist. Dort ist auch das Grundmotiv seines Philosophierens ersichtlich, das sich als der Versuch erweist, die Ableitung der Grundprinzipien der Ethik von den Axiomen der Logik zurückzuweisen und die eigenartige Selbständigkeit jener sittlichen Prinzipien festzustellen [95]. Diese Abneigung gegen den Reduktionismus in der Philosophie beherrscht, teils ausdrücklich, teils unausgesprochen, seine ganze philosophische Besinnung. Sein Anti-Naturalismus, der es kategorisch verbietet, etwas Nicht-Empirisches durch irgendeine empirische Erfahrungstatsache oder durch die naturalistische (sinnliche) Anlage des Menschen zu erklären, findet seinen Ausdruck in Schelers Apriorismus. Auch den Konstruktionismus der Neukantianer weist Scheler zurück. Er ist der Überzeugung, daß jede (selbständige) Wissenschaft (bzw. jede Erkenntnis) im "Sein" ihrer eigenen "Tatsache" gründen muß und nicht auf anderes zurückzuführen ist. Um die Nicht-rückführbarkeit der sittlich fundamentalen Prin-

---

[95] Vgl. Scheler, *Beiträge zur Feststellung der Beziehungen zwischen den logischen und ethischen Prinzipien.*

INTENTIONALE ANALYSE DES EMOTIONALEN LEBENS 69

zipien zu begründen, bedarf Scheler der selbständigen Erkenntnis jener Prinzipien. Die Wahrheit der Erkenntnis, solange sie nicht analytisch ist, hängt wesensmäßig von dem sie als wahr ausweisenden "Sachverhalt" ab. Dieser Tatbestand weist Scheler notwendigerweise auf den Intuitionismus hin. Die Erfüllung dieser ontologisch-erkenntnistheoretisch operativen Ansprüche, die sein philosophisches Bedenken grundsätzlich bedingen, findet Scheler gerade in der Phänomenologie und in der phänomenologischen Erfahrung. Daher könnte man behaupten, daß, wenn auch seine Begegnung mit Husserl zufällig sein sollte, sein Weg des Philosophierens apriorisch dadurch bedingt ist, und sogar ohne den Einfluß Husserls zum apriorischen Intuitionismus geführt haben müßte. Doch ist die Begegnung Schelers mit Husserl ("Logische Untersuchungen") entscheidend.

Durch den engen Kontakt mit dem sogenannten Göttinger Kreis gehört Scheler mit Alexander Pfänder und Moritz Geiger u.a. zum sogenannten Münchener phänomenologischen Kreis [96]. Wie schon in den vorhergehenden Paragraphen gezeigt wurde, geht Husserls philosophische Besinnung durch verschiedene Entwicklungsstufen des Gedankens hindurch, und damit prägt sich der Begriff der "Phänomenologie" und der ihr zugrundeliegenden Wesensschau auch dementsprechend unterschiedlich aus. Es ist aus dem oben Gesagten ersichtlich, daß Scheler prinzipiell unter dem Einfluß der zweiten Gedankenstufe der Phänomenologie Husserls steht und mit Husserl in der Auffassung der Phänomenologie als der allgemeinen Wesenslehre übereinstimmt.

Zwar versteht Scheler unter Phänomenologie zunächst und vor allem "Die Einstellung des geistigen Schauens, in der etwas zum er-schauen oder er-leben kommt, das ohne sie verborgen bleibt: nämlich ein Reich von 'Tatsachen' eigentümlicher Art" [97]. Im Gegensatz zur natürlichen Einstellung, worin wir aber mittelbar auf den Gegenstand der Umwelt praktisch, sowie theoretisch, vorstellend, urteilend, liebend, hassend, strebend und handelnd bezogen sind, wird diejenige Einstellung als phänomenologisch bezeichnet, in welcher das Er-lebte und Er-schaute nach Scheler nur "in" dem ihn korrelativ er-lebenden und er-schauenden Akt selbst unmittelbar gegeben ist. Das heißt, in der phänomenologi-

---
[96] Spiegelberg, *The Phenomenological Movement*, Bd. 1, S. 171ff.
[97] *Nachlaß*, Bd. 1, S. 380.

schen Einstellung deckt sich völig und unmittelbar das Gemeinte mit dem Geschauten. Diese unmittelbare Selbstgegebenheit ist völlig unabhängig von der empirischen Gegebenheit (bzw. von den Sinnesorganen und von den Gefühlszuständen), und das heißt: sie ist "apriorisch".

Das Verfahren, uns von der natürlichen Einstellung in die Einstellung dieser eigentümlichen Art zu versetzen, heißt für Scheler phänomenologische Reduktion. Bei Scheler "artikuliert" sich aber nicht, wie bei Husserl, die Reduktion in einer transzendentalen und einer eidetischen oder gar in einer intersubjektiven Reduktion. Was apriorisch selbstgegeben ist, nennt Scheler zugleich das "Wesen". Daraus folgt notwendigerweise, daß die phänomenologische Reduktion bei Max Scheler im Unterschied zu den Husserlschen Reduktionen primär einen Prozeß besagt, den nämlich, unsere Einstellung zur "Wirklichkeit" von der mundanen, natürlichen Anschauung in die apriorische, unmittelbare Wesensanschauung zu transponieren. Husserls eidetische Reduktion stellt eine mühsame, langwierige, auf Grund der empirischen Erfahrungen und Phantasie durchlaufende Um-Variation dar. Dagegen besteht Schelers Auffassung der phänomenologischen Reduktionen zunächst als Wesensschau in dem "unter Absehen von jeder Art von Setzung der sie denkenden Subjekte und ihrer realen Naturbeschaffenheit" und zugleich "unter Absehen von jeder Art von der Setzung eines Gegenstandes, auf den sie unmittelbar anwendbar wären durch den Gehalt einer unmittelbaren Anschauung zur Selbstgegebenheit Kommenden" [98].

Scheler, sahen wir, läßt die Wissenschaftlichkeit der Phänomenologie in der adäquaten Evidenz der Wesensschau allein gründen. Damit ist gesagt, daß die Phänomenalität des Phänomens bei Scheler die unmittelbare Deckung zwischen dem Wesen und dem Wesenserfassen darstellt, d.h., als die originäre Selbstgegebenheit des Wesens ausgelegt ist. Im Gegensatz zu Husserl gelten nach Scheler "Wesen", "Phänomen" und "Apriori" als bedingungslos identisch. Ferner stellt Scheler fest, daß der Unterschied zwischen der Wahrnehmung als der sinnlichen Anschauung und der Wesensschau als der phänomenologischen Anschauung nichts anderes als die Verschiedenheit der zwei Arten des Erfahrens besagt. Dies ist deutlich daraus ersichtlich, daß er – im

[98] *Formalismus*, S. 68 u. 69.

Unterschied zu Husserl – sagt, die Phänomenologie bestehe im lebendigsten, intensivsten und unmittelbarsten Erlebnisverkehr mit der Welt selbst. So stellt Schelers Phänomenologiebegriff streng genommen ohne weiteres mehr als einen methodologischen Begriff der Philosophie dar. Die das Erfahren der neuen apriorischen Art zustande bringende Einstellung bezieht sich nicht nur auf das methodische Verfahren der Philosophie, sondern auch auf das von den natürlichen, aposteriorischen Erkenntnissen unabhängige und davon zu unterscheidende unmittelbare Erfahren der "Wirklichkeit".

Greifen wir auf das Husserlsche "Erfassen des Typus" zurück, und vergleichen Husserls intuitive Erschauung des niedrigsten Allgemeinen (d.h. des "Typus") mit der Art des unmittelbaren Erfahrens (d.h. der "Wesensschau") Schelers, so tritt dabei deutlich hervor, daß eine merkwürdige Parallelität zwischen Husserls und Schelers "Auffassung der Wesensschau" besteht. Während Husserl immer radikaler mit der "reduktiven Reflexion" das Problem der "Wesensschau" thematisch bedenkt und sich erst in seiner späteren "genetischen Phänomenologie" mit dem "Typus" und der "Typisierung" in der Analyse der Lebenswelt auseinandersetzt, kommt offensichtlich Scheler zur Einsicht in die durch die spätere Husserlsche Analyse aufgewiesene Errungenschaft dieser fundamentalen Struktur unserer Lebenswelt, und damit greift er durch die Ambiguität dieses Begriffes die Möglichkeit auf, die Wesensschau außer dem methodologischen Gebrauch auch als eine ganz neue Art des Erfahrens auszulegen. Wir machen ausdrücklich darauf aufmerksam, daß darin entscheidend die Möglichkeit der materialen Axiologie als einer Phänomenologie der Werte und des emotionalen Lebens besteht.

Es ist bei Scheler von verschiedenen Reduktionen als unentbehrlichen methodologischen Verfahren für die Phänomenologie nicht die Rede. Scheler nimmt sogar kritisch zu der Husserlschen transzendentalen Auffassung der Phänomenologie als einer subjektivistisch-idealistischen Stellung.

Andererseits konstituiert die Intentionalität auch bei Scheler den wesentlichen Bestand seiner phänomenologischen Analyse, aber nicht in dem Sinne Husserls, daß die Intentionalität die ganze Problematik für seine philosophische Besinnung ausmacht. Vielmehr führt Scheler den Zusammenhang von Wert und Werterkenntnis nicht auf irgendeine natürliche Anlage oder den Kausalzusammenhang zwischen dem Gegenstand und der Lust als dem Empfindungszustand zurück, sondern er läßt ihn sich als selbständigen eigenartigen Zusammenhang der Intentionalität ausweisen. Nicht mittelbar im Gefühlszustand aposteriorisch gegeben ist der Wert nach Scheler, sondern er gibt sich als "Wesen" im reinen Fühlen, Lieben, Hassen, Vorziehen und Nachsetzen etc. a priori intuitiv. Der apriorisch sich gebende Wert weist als Leitfaden zur phänomenologischen Analyse dementsprechend auf den diesen Wert intuitiv erfassenden Akt hin. Durch dieses Beispiel zeigt sich die Möglichkeit der apriorischen materialen Wertlehre Max Schelers als der intentionalen Analyse des emotionalen Lebens.

Wohl unterscheidet Scheler die sogenannten drei Phasen der Phänomenologie im allgemeinen [99], dennoch stellt sowohl die Intentionalität als Grundstruktur des Bewußtseins als auch als methodisches Verfahren für Scheler kein Problem dar. Schelers Bemühungen beziehen sich vielmehr darauf, den Wert als apriorischen Gegenstand und das Wertfühlen als eigenständigen und zugleich ursprünglichen Erkenntnisakt durch seinen operativen Begriff der Intentionalität herauszustellen.

Greifen wir noch einmal auf Schelers phänomenologische Reduktion zurück. Einerseits stellten wir fest, daß ihr Wesen in der Wesensanschauung besteht, andererseits findet man vielleicht den schweigenden Vollzug der phänomenologischen Reduktion Schelers in der konkreten Durchführung der phänomenologischen Analyse und Beschreibung. Gegen W. Wundts berühmten Vorwurf in bezug auf die Analyse in den "Logischen Untersuchungen" Husserls, "das Ergebnis der Analyse sei die 'primitivste Wiederholung', 'Wortwiederholung'": "Evidenz ist Evidenz, Abstraktion ist Abstraktion" [100], verteidigt Scheler Husserls Untersuchungen durch den treffenden Hinweis auf das Wesen der phänomenologischen Analyse und behauptet, daß sich die phänomenologische Beschreibung mit dem "Entwirren" der unwesentlichen Bestandteile des zu Analysierenden befaßt, um seinen wesentlichen Kern zur unmittelbaren Erscheinung zu bringen, wobei der Satz der Endergebnisse der Analyse schließlich, wenn formal

---

[99] *Formalismus*, S. 92.
[100] Wundt, *Kleine Schriften* I, S. 613ff.; *Ideen* I, S. 355; *Nachlaß*, 1, S. 391.

gesehen, eine "Tautologie" darstellt. Denn die Phänomenologie erstrebt ihrem Wesen nach das Ideal, die wissenschaftliche Erkenntnis letzten Endes auf die adäquate Selbstgegebenheit ihres eigenartigen Gegenstandes als die einzige ursprüngliche Quelle und Basis der Wissenschaftlichkeit zurückzuführen. Diesen Prozeß des "Entwirrens" Schritt für Schritt zu vollziehen, um das Wesentlichste des Wesens intuitiv zu erfassen, ist unseres Erachtens als die implizite, jedoch wichtige "phänomenologische Reduktion" Schelers anzusehen. Damit haben wir Sinn und Aufgabe der Phänomenologie in der Axiologie Max Schelers herausgestellt. Die konkrete Ausführung der phänomenologischen Analyse von Wert und Werterkennen Schelers schildert viel anschaulicher, was wir hier sowohl systematisch als auch kritisch erörtert haben.

§ 9. SCHELERS KONKRETE PHÄNOMENOLOGISCHE ANALYSE DES EMOTIONALEN LEBENS

Sehen wir nun, wie Scheler selbst in concreto den Wert als Wesen phänomenologisch zur adäquaten Einsicht bringen will. In dieser Hinsicht sind nach Scheler zunächst "Werte" von "Gütern" zu unterscheiden. So macht er zum Beispiel aufmerksam auf die Parallelität des Zusammenhanges zwischen dem Ding und der Farbe zu dem zwischen "Gut" und dem "Wert".

In der natürlichen Einstellung nehmen wir zum Beispiel zumeist zunächst ein Sehding und nicht die Farbe dieses Dinges als solche, noch mit den besonderen Nuancen und in den Abschattungen, wahr [101]. Analogerweise erfahren wir Güter in unserer natürlichen Einstellung des emotionalen Werterlebens, aber nicht Wert selbst. Güter sind nach Scheler nichts anderes als Wertdinge, d.h., "dinghafte Einheiten von Wertqualitäten", wenn auch nicht das Ding, sondern die "Dinghaftigkeit" im Phänomen von Gütern sich darstellt [102]. Ferner sind jene "Wertqualitäten", die diese "dinghaften" Einheiten als Güter konstituieren, d.h. diejenigen Qualitäten, die wir als den Gütern zuge-

---

[101] Insbesondere ist in diesem Zusammenhang nochmals auf die schon von uns erörterte Analyse von dem "Typus" und der "Typisierung" der Lebenswelt in Husserls genetischer Phänomenologie hinzuweisen. Vgl. S. 57ff. u. 6of dieser Arbeit.
[102] *Formalismus*, S. 43.

hörige werthafte Qualitäten in der natürlichen Einstellung erfahren, kein "Wert selbst" im strengen Sinne (d.h. kein Wesen "Wert"); "Sowenig die Farbnamen auf bloße Eigenschaften von körperlichen Dingen gehen – wenn auch in der natürlichen Weltanschauung die Farbenerscheinungen meist nur soweit genauer betrachtet werden, als sie als Unterscheidungsmittel verschiedener körperdinglicher Einheiten fungieren – sowenig gehen die Namen für Werte auf die bloßen Eigenschaften der dinglich gegebenen Einheiten, die wir Güter nennen" [103].

Insofern die Wertqualitäten diese konstitutiven Momente von Gütern ausmachen, sind sie verwirklichte Werte. Die Terminologie Schelers gemäß sind sie keine Werte als solche, d.h. Wesen "Werte". Diese Wertqualitäten sind nur mit bestimmten Nuancen und Abschattungen in der natürlichen Einstellung als in der Wirklichkeit "daseiend" gegeben. Hingegen sind Werte als solche durch die phänomenologische Anschauung rein als Wesen und apriori unmittelbar selbst gegeben.

Diesen Tatbestand zu klären, weist Scheler beispielsweise auf die reine Gegebenheitsweise der Farbe hin: als sinnlich (empirisch) gesehene Qualität ist die Farbe eines Sehdinges in der natürlichen Anschauung als ein konstitutives Moment (d.h. seine Eigenschaft) gegeben. Dagegen hebt Scheler am deutlichsten die Unabhängigkeit der Gegebenheitsweise der Farbe von ihrem (vermeintlichen) Träger durch die evidente Tatsache hervor, daß die Farbe als solche, die durch das Spektrum auf irgendeine Fläche projiziert wird, nicht als die Eigenschaft dieser dinglichen Fläche konstituierend, sondern uns offensichtlich in ihrer Reinheit unmittelbar "im" Sehen selbst gegeben ist. Somit sehen wir nach Scheler das Wesen "Farbe".

So fühlen wir auch das Wesen "Wert" apriorisch. Die Werte als solche, die in der phänomenologischen Einstellung selbst gegeben sind, sind damit selbst ideal, während jene Wertqualitäten nur in Gütern verwirklicht sind und real vorhanden heißen. Das heißt, sie verwirklichen sich und erfüllen sich als die konstitutiven Qualitäten von Gütern: "Gut verhält sich zur Wertqualität so, wie sich das Ding zu den Qualitäten verhält, die seine Eigenschaften erfüllen" [104]. Damit sind Werte als Wesenheiten unterschie-

---

[103] *Formalismus*, S. 35.
[104] a.a.O., S. 42.

den nicht nur von den Gütern, sondern auch von den Wertqualitäten, die als real die konstitutiven Momente von den Gütern ausmachen.

Um die Apriorität des Wesens "Wert" ferner auszuweisen, versucht Scheler die "Unabhängigkeit" der Werterfahrung von der "Vorstellung" herauszustellen. In der natürlichen Einstellung scheint der Zusammenhang zwischen dem Werterlebnis und der Vorstellung von einem Ding oder Menschen als Wertträger sehr eng zu sein, und zwar so, daß die Werterfahrung auf der Vorstellung dieses Wertträgers beruht. Es ist auch von Scheler zur klaren Erkenntnis genommen, daß am meisten die Wertqualität an sich unbestimmbar oder undefinierbar ist und ohne Bezug auf den Träger dieses Wertes oder auf das Empfindungsgefühl [105]. Dennoch weist Scheler ein solches Abhängigkeitsverhältnis der Gegebenheitsweise des Wertfühlens von der Vorstellung des darauf bezogenen Gegenstandes zurück durch den phänomenologischen Aufschluß dessen, daß der Wert an sich ganz und gar der "phänomenologischen Schau" unmittelbar, d.h. ohne Bezug auf die Vorstellung seines Trägers oder des davon bewirkten Empfindungsgefühls, zugänglich (d.h. apriorisch) ist.

Mit dieser Apriorität des Werterlebnisses im Sinne der Unabhängigkeit der Gegebenheitsweise des Wertes wendet sich Scheler nicht nur gegen den naturalistischen Reduktionismus (der den Wert auf das Empfindungsgefühl oder die sinnliche Lust oder Unlust zurückführt), sondern auch gegen einen solchen transzendentalen "Idealismus". Er zielt sowohl gegen die Neu-Kantianer (die den Wert aus dem Sollen ableiten) als auch gegen Husserl (der ihn auf der "Vorstellung" beruhen läßt)[106]. Scheler sucht die Apriorität des Werterlebnisses auf der einen Seite darin zu begründen, daß uns die Werterfahrung als intentionales Erlebnis rein durch Absehen von der Vorstellung des Trägers unmittelbar durch und durch möglich ist. Auf der anderen Seite sieht er diese Begründung darin gegeben, daß er die Gefühlszustände als nichts anderes denn als die kausale Wirkung der Güter auf unseren Organismus versteht (in seiner detaillierten phänomenologischen Auseinandersetzung mit der "Empfindung" und den

---

[105] *Formalismus*, S. 36.
[106] *Ideen* I, S. 44.

"Empfindungsdaten")[107]. Ohne weiteres ist einzusehen, daß man z.B. Schönheit und Größe eines Kunstwerks rein intuitiv erfassen kann, ohne erkannt zu haben, welche Eigenschaften dieses Kunstwerkes diesen Werten zugrunde liegen[108].

Scheler bemüht sich ferner, sichtbar zu machen, daß der Wert keineswegs als ein Aggregat von bestimmten gemeinsamen Qualitäten oder Eigenschaften ist, die den Dingen gemeinsam sind, zu welchen diese Qualitäten oder Eigenschaften als wesentliche Prädikate gehören, sondern, daß der Wert allgemein selbst als Grund der Gemeinschaft der Qualitäten oder Eigenschaften schon unmittelbar gegeben ist[109].

Obwohl "Dinge" oder "Menschen" den Bezug darstellen, auf welchen als Träger hin diese Werte als solche zu definieren und zum sprachlichen Ausdruck zu bringen sind und deshalb als unentbehrliche Mittel angesehen werden müssen[110], sind die Werte insofern, als sie als phänomenologisch gegebene Wesen zu verstehen sind, in ihrer Gegebenheit völlig unabhängig von ihren Trägern, von den Gütern sowie von den Vorstellungen von Dingen oder Menschen, die als werthaft gegeben sind, und von den Empfindungszuständen.

Greifen wir nun auf das Verhältnis zwischen den Gütern und den Dingen zurück, damit der Zusammenhang zwischen Werten, Gütern und der Welt ferner sichtbar gemacht werden kann. Durch seine parallele Analyse von "Dingen" und "Gütern" als "Wertdingen" stellt Scheler zuerst fest, daß phänomenologisch (d.h. in der Gegebenheitsweise) kein Fundierungszusammenhang zwischen Dingen und Gütern besteht, sondern diese gleich ursprünglich sind[111]. Die "Güter" sind als "dinghafte Einheit von Wertqualitäten" ferner nach Scheler zunächst von den bloß "wertvollen Dingen" und dann von den "Sachen" zu unterscheiden, unter denen Scheler solche Dinge versteht, an denen ein Wert (bzw. Werte) nur "zufällig" haftet und welche dazu "Gegenstände einer in einem Werte fundierten erlebten Beziehung auf ein Verfügenkönnen durch eine Willensmacht sind"[112].

[107] *Formalismus*, S. 75ff., 167ff., 419ff.
[108] a.a.O., S. 40.
[109] a.a.O., S. 37.
[110] a.a.O., S. 36.
[111] a.a.O., S. 44. Dabei fragt sich, wie sich die Gleichursprünglichkeit der Gegebenheitsweise mit dem Unterschied zwischen dem Ding als Wertträger und den dazu wesensmäßig zugehörigen Wertqualitäten verhält.
[112] a.a.O., S. 43.

In der natürlichen Einstellung sind zuerst und zunächst die realen Gegenstände als "Sachen" gegeben, d.h. "als Dinge, soweit und sofern sie wertvoll sind (und zwar wesentlich nützlich sind)" [113], und dann sind je nach dem axiologischen (bzw. praktischen) oder dem theoretischen "Gesichtspunkte" "Güter" als solche oder "Dinge" als solche gegeben [114]. Den deutlich sichtbaren Unterschied zwischen "Gütern" und "Dingen" findet Scheler am schärfsten in der Unteilbarkeit der dinghaften Einheit von Wertqualitäten im Gegensatz zur Unzerstörbarkeit der dinglichen Natur eines Dinges (als ihres Trägers), d.h. darin, wo ein Gut zerstört wird, ohne daß das Ding (als Träger dieser Einheit von Wertqualitäten) zugleich mitzerstört wird. Zum Beispiel wird die ästhetische Werteinheit einer Marmorplastik als eines Kunstwerkes durch Abbrechen eines Teiles zerstört, während die Dingeinheit als Marmor unberührt bleibt.

Im Gute als dinghafter Einheit von Wertqualitäten stellt sich weiterhin nach Scheler nicht nur eine kleine "Hierarchie" der Werte dar, sondern auch die Fundiertheit dieser Werteinheit auf einen bestimmten Grundwert, als wäre von ihm die Zusammengefaßtheit aller anderen im Gut vorhandenen Qualitätsfülle konstitutiv geleitet [115].

Ontisch ist die Welt ebenso ursprünglich ein "Ding" wie ein "Gut" [116]. Völlig undeterminiert (weder bestimmt, noch beschränkt) von der Dingwelt ist die Güterwelt [117]. Sowohl beim Aufbau als auch in der Entwicklung ist dagegen die Güterwelt durch "irgendeine Rangordnung der Werte bereits geleitet" [118]. Nicht nur in der Rangordnung der Güter untereinander (als der Struktur der Güterwelt), sondern auch in jener kleinen "Hierarchie" der Werte in jedem einzelnen Gute, spiegelt sich nach Scheler diese herrschende Rangordnung [119]. Diese Rangordnung bestimmt die Güterwelt (bzw. die Güter selbst) insofern durchaus nicht eindeutig, sondern gibt einen "Spielraum des Möglichen" als die notwendige Bedingung für den Bestand der Güterwelt ab.

[113] *Formalismusi*, S. 43.
[114] *ibid.*
[115] a.a.O., S. 44.
[116] a.a.O., S. 45.
[117] *ibid.*
[118] *ibid.*
[119] *ibid.*

Daraus geht hervor, daß diese Rangordnung der Werte einerseits der Güterwelt gegenüber selbst a priori ist und andererseits wegen dieses "herrschenden" Bedingens der (materialen) Wertqualitäten für die Güterwelt (bzw. auf Güter selbst) die materiale Rangordnung der Werte heißt [120].

Im Gegensatz zur "absoluten Rangordnung der Werte, die die formal" apriorischen Rangbeziehungen der Werte repräsentiert [121], stellt sich diese jeweils "materiale" Rangordnung der Werte in denjenigen Vorzugsregeln zwischen den Wertqualitäten dar, welche die Güterwelt jeder Epoche in der Geschichte der Menschheit bildet. "Solche Systeme" nennt Scheler in der ästhetischen Sphäre einen "Stil", in der praktischen eine "Moral" [122].

Aus dem oben Gesagten geht klar hervor, daß nach Scheler nicht nur Werte, sondern auch Güter (bzw. verwirklichte Wertqualitäten) untereinander im Zusammenhang stehen. Diesen Zusammenhang der Wertverhalte, sei es zwischen Werten, sei es zwischen Gütern, nennt Scheler die "Rangordnung der Werte" im weitesten Sinne. Sie ist keineswegs willkürlich konstruiert oder eine Folge der Erfahrungen von Gütern, sondern den Gütern (bzw. der Güterwelt) gegenüber a priori [123]. Vielmehr ist das Höhersein (bzw. Niedrigersein) in der Rangordnung der Werte nach Scheler unmittelbar im Akte des Vorziehens (bzw. Nachsetzens) gegeben [124]. Vorziehen und Nachsetzen sind, wie das andere emotionale Fühlen, keine Akte des Wählens, das nach Scheler zwischen zwei oder mehreren Tun stattfindet, sondern sie sind für sich auch intentionale Erkenntnisakte [125]. Dazu gehören ferner Lieben und Hassen, auch Streben, Wollen und Wünschen, in denen der Wert als intentionaler Gegenstand sich gibt.

Es gibt also eine apriorische Region von echten und wahren

---

[120] *Formalismus*, S. 45.
[121] a.a.O., S. 107ff.
[122] a.a.O., S. 45. Die Frage nach der Rangordnung der Werte für sich macht ein in sich geschlossenes Kernproblem in unserer Thematik aus, was wir im späteren Zusammenhang zur ausführlichen Erörterung bringen werden. Denn der Begriff der Rangordnung umfaßt nicht nur eine Totalität von verschiedenen apriorischen sowie aposteriorischen Wertwesenszusammenhängen, sondern stellt auch die Grundlage für die sittlichen Werte von "gut" und "böse" dar. Vgl. *Formalismus*, S. 48ff., 107ff., 125f., 231.
[123] *Formalismus*, S. 45.
[124] a.a.O., S. 48.
[125] Durch diese ist die objektive Wertrangordnung oder Skala zu bestimmen. a.a.O., S. 125ff.

INTENTIONALE ANALYSE DES EMOTIONALEN LEBENS 79

Gegenständlichkeiten und dementsprechend auf die korrelativ bezogene emotionale Erkenntnisakte mit ihren Wesenszusammenhängen. Sie sind nur in der phänomenologischen Einstellung zugänglich und nicht nur von allen empirischen, in der mundanen natürlichen Einstellung gegebenen Gegenständen und Erfahrungen unabhängig, sondern bestehen auch neben allen apriorischen theoretischen Wesenheiten und Wesenserkenntnissen selbständig: "... im fühlenden lebendigen Verkehr mit der Welt (sei sie psychisch oder physisch oder was sonst), im Vorziehen und Nachsetzen, im Lieben und Hassen selbst, d.h. in der Linie der Vollzüge jener intentionalen Funktionen und Akte blitzen die Werte und ihre Ordnungen auf" [126].

Um die Eigenständigkeit der Seinsart und Gegebenheitsweise von Werten sowie von emotionalen Erlebnissen als intentionales Werterfassen zu klären, ist unsere Darstellung der Schelerschen phänomenologischen Analyse von Wert und Wert-Erfahrung zunächst auf den Zusammenhang zwischen dem bestimmten Wert, genannt "Dingwert", und dem Ding als seinem Träger gerichtet. Außerdem liegen nach Scheler noch zwei apriorische Zusammenhänge zwischen dem Wert und seinem Träger vor. Von den Wertkategorien von Dingwerten scheiden sich die Kategorien von "Vitalwerten", von "geistigen Werten" und schließlich von "Personwerten" je nach dem Wesenszusammenhang mit dem "Leben", dem "Geist" und der "Person" als "ihren Trägern" [127]. Zum Beispiel gehören "Edel" und "Gemein" zu den Vitalwerten. "Gut" und "Böse" sowie alle "Tugendwerte" sind nicht, wie Kant behauptet, primäre Prädikate des Willens, vielmehr ist der Träger aller sittlichen Werte eigentlich die "Person", und darum werden die sittlichen Werte "Personwerte" genannt [128].

Außer diesen apriorischen Zusammenhängen zwischen den Werten und ihren Trägern weist Scheler noch mehrere rein formale Wesenszusammenhänge auf, die wegen ihrer formalen Allgemeinheit von allen Wertarten und Wertqualitäten sowie der Idee des "Wertträgers" unabhängig sind und im Wesen der Werte

---

[126] *Formalismus*, S. 89.
[127] *Formalismus*, S. 105ff., 120.
[128] a.a.O., S. 50ff., 105ff. Von den sittlichen Werten unterscheiden sich nach Scheler die anderen Werte so grundsätzlich, daß er sie als "Sachwerte" bezeichnet. Somit stehen nicht nur Dingwerte, sondern Vitalwerte und geistige Werte unter der Gattung der "Sachwerte".

als Werte gründen [129]. Sie stellen zusammen eine rein formale Wertlehre dar, die Scheler nach Pascal "la logique du coeur" in Parallele zur reinen Logik nennt [130].

Als der erste Wesenstatbestand zeigt sich der Grundsatz, daß "alle Werte (seien sie ästhetisch, ethisch usw.) in positive und negative Werte (wie wir der Einfachheit halber sagen wollen) zerfallen" [131].

Der Gegensatz zwischen "positiv" und "negativ" müßte seinem Wesen nach unseres Erachtens keinen "kontradiktorischen", sondern einen "konträren Zusammenhang" darstellen [132].

Als die zweite Art formalen Wesenszusammenhanges übernimmt Scheler die von Franz Brentano entdeckten sogenannten "Axiome der Werte", die im "Verhältnis des Seins zu positiven und negativen Werten" a priori obwalten. Sie lauten:

Existenz eines positiven Wertes ist selbst ein positiver Wert,
Existenz eines negativen Wertes ist selbst ein negativer Wert,
Nichtexistenz eines positiven Wertes ist selbst ein negativer Wert,
Nichtexistenz eines negativen Wertes ist selbst ein positiver Wert [133].

Aus dem von uns oben hervorgehobenen Hinweis auf den Zusammenhang zwischen "positiv" und "negativ" geht hervor, daß der in dem Subjekt des Axioms enthaltene Wert zweifellos nicht derselbe wie der im Prädikat genannte Wert ist. Ferner ist dabei noch darauf aufmerksam zu machen, daß es Schelers Begriff der "Existenz" an der eindeutigen Bestimmung durch einen möglichen phänomenologischen Erweis mangelt, denn Scheler setzt offensichtlich die "Existenz" mit dem "Sein" gleich, was aber zur

---

[129] *Formalismus*, S. 102.
[130] a.a.O., S. 84, 102.
[131] a.a.O., S. 102.
[132] Der vielleicht größte Irrtum Max Schelers in seinem Versuch, eine der reinen Logik entsprechende reine Axiologie herauszustellen, besteht in seiner "Gleichstellung" des Seins mit dem Wert: es besteht jedoch keine Parallelität zwischen Sein und Nichtsein und zwischen Wert und Unwert, es sei denn, daß nur die sittlichen Werte im Kantischen Sinne verstanden sind. Wie Scheler selbst immer wieder behauptet, soll der "Unwert" keine Abwesenheit eines positiven Wertphänomens darstellen, sondern selbst ein "fühlbares" positives Phänomen sein. Der Wert "häßlich" ist z.B. keineswegs identisch mit der Negation seines positiven Gegenwertes "schön", d.h. "nichtschön". Zwischen "häßlich" und "schön" steht vielmehr eine abgestufte, steigernde qualitative Spannung der Werte. Allerdings ist es eine ganz andere Frage, ob es einen Nullpunkt zwischen zwei konträren Wertqualitäten gibt.
[133] *Formalismus*, S. 102.

Folge hat, daß die verschiedenen Seinsmodalitäten nicht zur Kenntnis genommen werden. Dabei übersieht Scheler die phänomenologische Tatsache, daß das Seiende jedoch, nicht das Sein selbst (im prägnanten Sinne), seinem Wesen nach der phänomenologischen Ausweisung zugänglich ist. Vielmehr liegt ihr dabei unser Seinsverständnis, sei es als naives Vor-Verständnis, sei es als ein ontologischer Entwurf, zugrunde. Auch wenn sein Begriff der "Existenz" als "Realität" oder "Verwirklichtheit" verstanden würde, bliebe die Sache immer noch unklar, indem nach dem Axiom dem empirischen oder realen Vorliegen eines verwirklichten positiven Wertes z.B. noch ein neuer positiver Wert zugeschrieben würde. Heißt aber diese Zugehörigkeit des neuen positiven Wertes zu dem verwirklichten (d.h. existierenden) positiven Wert selbst auch dann eine Wertverwirklichung? Was für ein "Seinsmodus" soll diesem neuen positiven Wert zukommen?

Das "Verhältnis zwischen Wert und (idealem) Sollen" stellt sich in der dritten Gruppe der Wesenszusammenhänge dar. Es gehört dazu nicht nur der Grundsatz, daß "alles Sollen in Werten fundiert sein muß, d.h. nur Werte sein sollen und nicht sein sollen", sondern auch die Sätze, daß "positive Werte sein sollen und negative nicht sein sollen" [134].

Die vierte Art der Zusammenhänge gilt für das "Verhältnis des Seins und des idealen Sollens apriori" und regelt ihre Beziehung zum "Rechtsein" und "Unrechtsein". Es gilt:

Alles Sein eines (positiv) Gesollten ist recht,
Alles Sein eines Nichtseinsollenden ist unrecht,
Alles Nichtsein eines Gesollten ist unrecht,
Alles Nichtsein eines Nichtgesollten ist recht [135].

Die fünfte Gruppe apriorischer Zusammenhänge soll in Parallele zum Satz vom Widerspruch in der Logik stehen, und zu ihr gehören:

Derselbe Wert kann nicht positiv und negativ sein,
Jeder nicht negative Wert ist positiver Wert,
Jeder nicht positive Wert ist negativer Wert [136].

---

[134] *Formalismus*, S. 102.
[135] *ibid.*
[136] a.a.O., S. 102ff. Vgl. auch unsere kritischen Bemerkungen in Anm. 132, S. 80 dieser Arbeit.

Dementsprechend bestehen die Werthaltungsprinzipien:
Es ist unmöglich, denselben Wert für positiv und negativ zu halten,
Es ist unmöglich, jeden positiven Wert für negativ zu halten,
Es ist unmöglich, jeden negativen Wert für positiv zu halten [137].

Die oben kurz aufgeführten rein formalen Wesenszusammenhänge sind nach Scheler völlig unabhängig von und gleich ursprünglich mit den Prinzipien der Logik oder des "Denkens des Seins", denn "le coeur a ses raisons, que la raison ne connaît pas", wie Pascal sagt [138]. Trotz der prima facie "Gemeinsamkeit" damit ist "la logique du coeur" in ihren eigenen phänomenologischen "Tatsachen" gegründet, wie Scheler behauptet, und "Wertphänomenologie und Phänomenologie des emotionalen Lebens als ein völlig selbständiges, von der Logik unabhängiges Gegenstands- und Forschungsgebiet anzusehen" [139].

Wie im Zusammenhang mit der Erörterung von "Gütern" und "Güterwelt" erwähnt wurde [140], verweist die Frage nach den "hierarchischen Beziehungen" der Werte aufeinander ein in sich geschlossenes Problem. Als die reinen Wesenszusammenhänge zwischen dem Höhersein (bzw. dem Niedrigersein) und dem Werte erörtert Scheler dieses Ordnungsverhältnis im "Wertreiche" [141], dessen Problematik wir nun aufgreifen, da das Problem der Wertrangordnung für die Grundlegung der Ethik eine entscheidende Bedeutung hat.

Nach Scheler stellt der Bereich der Werte keineswegs ein "Chaos" der Qualitäten dar, sondern besitzt eine im Wesen der Werte selbst gründende Ordnung, in welcher sich alle Werte gemäß ihrem Höhersein (bzw. ihrem Niedrigersein) gliedern. "Eine dem gesamten Wertreiche eigentümliche Ordnung liegt darin vor, daß Werte im Verhältnis zueinander eine 'Rangordnung' besitzen, vermöge derer ein Wert 'höher' als der andere ist resp. 'niedriger'. Sie liegt wie die Unterscheidung von 'positiven' und 'negativen' Werten im Wesen der Werte selbst und gilt nicht bloß von den uns 'bekannten' Werten" [142].

[137] *Formalismus*, 103.
[138] Pascal, *Pensées*, 277.
[139] *Formalismus*, 85.
[140] Vgl. S. 77f dieser Arbeit.
[141] *Formalismus*, S. 107ff.
[142] a.a.O., S. 107.

INTENTIONALE ANALYSE DES EMOTIONALEN LEBENS 83

Wie schon vorwegnehmend erwähnt wurde, heißt "Vorziehen" (bzw. "Nachsetzen") ein besonderer Akt der Werterkenntnis, in welchem das Höhersein (bzw. Niedrigersein) eines Wertes intuitiv gegeben ist. Wenn er geleugnet wird, dann ist der Grund dafür darin zu sehen, daß Vorziehen als werterkennender Akt mit dem "Wählen", das als Strebensakt zwischen einem Tun und einem anderen Tun sich ereignet, verwechselt wird [143]. Vielmehr liegt das Vorziehen nach Scheler der Wahl zugrunde, indem eine Wahl ermöglicht wird auf Grund der Erkenntnisakte des Höherseins des jeweligen Wertes. Apriorisch ist insofern dasjenige Vorziehen (bzw. Nachsetzen), das schon zwischen den Werten selbst stattfindet, dagegen nennt Scheler das Vorziehen (bzw. Nachsetzen) zwischen Gütern (bzw. im Gute verwirklichten vorhandenen Wertqualitäten) empirisch. Unabhängig von den Gütern und der Güterwelt selbst bestimmt nach Scheler apriorısches Vorziehen dennoch zugleich ganze Güterkomplexe. Andererseits behauptet Scheler, das Höhersein eines Wertes bedeute nicht nur, daß dieser Wert vorgezogen wird, "denn wenn auch das Höhersein eines Wertes im Vorziehen gegeben ist, so ist dieses Höhersein eine im Wesen der betreffenden Werte selbst gelegene Relation" [144].

Deshalb bezeichnet Scheler diese apriorische formale Rangordnung, die allein im Wesen der Werte selbst wurzelt, als absolut invariabel, während die materiale Rangordnung der Werte, die sich in Systemen der Vorzugsregeln darstellt und auch von der Güterwelt und von ihren Änderungen unabhängig, d.h. apriori ist, in der Geschichte sowie von verschiedenen Gesellschaften noch prinzipiell als variabel angesehen wird [145].

Im Vorzugsakt braucht nach Scheler die Mehrheit von Werten nicht faktisch gegeben zu sein. Dasselbe Rangverhältnis kann durch grundverschiedene Arten des Aktes, d.h. im Nachsetzen oder im Vorziehen, gleichwohl gegeben werden. Wäre es tatsächlich so, wie Scheler feststellt, müßte kein phänomenologischer Tatbestand zwischen "Vorziehen" (bzw. "Vorgezogenem") und

[143] *Formalismus*, S. 107, 108.
[144] a.a.O., S. 108.
[145] a.a.O., S. 108. Kritisch zu bemerken ist, daß Scheler den Begriff der "Wertrangordnung" gar nicht eindeutig gebraucht, sondern mindestens drei (vier) verschiedene Rangordnungen voneinander zu unterscheiden sind. Dieser Unterschied ist von Scheler implizite vorausgesetzt und operativ zum Gebrauch gemacht.

"Nachsetzen" (bzw. "Nachgesetztem") verschieden gegeben sein. Daß nur die deutsche Sprache diesen Unterschied besitzt, könnte wohl Beweis dafür sein, daß der Unterschied nur sprachlich bestehe [146].

In bezug auf die allgemeine Werterkenntnis ist Schelers Einsicht in die Beziehung der Wertrangordnung auf das (reine) Fühlen des Wertes selbst von entscheidender Bedeutung: da alle Werte wesenhaft in einer Rangordnung stehen, also im Verhältnis zueinander höher und niedriger sind und dieses eben nur "im Vorziehen und Nachsetzen" erfaßbar wird, so ist auch das "Fühlen" der Werte selbst notwendig fundiert in einem "Vorziehen" und "Nachsetzen" [147]. Daraus ergibt sich notwendig, daß alle Erweiterung des Wertbereiches für ein Individuum allein im Vorziehen und Nachsetzen stattfindet. "Erst die in diesen Akten ursprünglich "gegebenen" Werte können sekundär gefühlt werden. Die jeweilige Struktur des Vorziehens und Nachsetzens umgrenzt also die Wertqualitäten, die wir fühlen" [148]. Damit versucht Scheler zu erweisen, es gebe eine intuitive Vorzugsevidenz, die keineswegs ableitbar ist.

Dennoch zählt Scheler fünf verschiedene Merkmale der Werte auf, durch die die apriorischen Wesenszusammenhänge zwischen dem Höher- und Niedrigersein eines Wertes und anderen Wesenseigentümlichkeiten hervorzubringen sind. Diese Merkmale lauten, kurz zusammengefaßt:

1. Dauerhaftigkeit, d.h., "das Phänomen des durch-die-Zeit-hindurch-Existierenkönnens", und dagegen Wechselhaftigkeit [149];
2. Unteilbarkeit und dagegen Teilbarkeit [150];
3. Tiefe und Untiefe der Befriedigung [151];

[146] Schelers Unterschied zwischen dem sittlich "positiven" und dem sittlich "negativen Charakter" beruht nicht auf "Vorziehen" und "Nachsetzen", sondern auf der "positiven" und "negativen" Richtung des "Wählens", welches aber von der Gesinnung wiederum bedingt ist. *Formalismus*, S. 109: Parallel dazu liegen das nach den Geboten gerichtete und das nach den Verboten gerichtete Streben vor.
[147] *Formalismus*, S. 109.
[148] a.a.O., S. 110.
[149] *ibid*. Z.B. ist der Wert "Freundschaft" nach Scheler apriori als "dauerhaft" gegeben, wenngleich eine faktische Freundschaft nur ganz kurze Zeit zwischen zwei Freunden bestünde.
[150] a.a.O., S. 113.
[151] a.a.O., S. 116.

4. Fundierung und Fundiertsein [152];
5. Absolutheit und Relativität [153],

auf deren Einzelheiten wir in diesem Zusammenhang nicht eingehen können.

Dennoch ist es vielleicht nötig, dazu kritisch Stellung zu nehmen. Wenn Scheler diese Merkmale auch vorsichtigerweise als schon der gemeinsamen Lebenserfahrung entsprechend bezeichnet, können diese Merkmale weder notwendige, noch hinreichende Bedingungen für das Höhersein (bzw. Niedrigersein) sein, schon allein deshalb nicht, weil das Höhersein des Wertes wesensnotwendig im Akte des Vorziehens gegeben werden muß. Ohne weiteres ist einzusehen, daß abgesehen vom Gegensatzpaar "Absolutheit" und "Relativität", nicht ein kontradiktorischer, sondern ein konträrer Gegensatz besteht und irgendein Wert sich immer in einem bestimmten Steigerungsgrad zwischen diesem extremen Gegensatz befindet, was eigentlich den Wesensbestand der Wertgegebenheit konstituiert [154]. Es ist ferner zu fragen, ob z.B. Dauerhaftigkeit oder die Tiefe der Befriedigung selbst ein Wert ist und nicht ein Merkmal, wodurch das Höhersein eines Wertes gekennzeichnet wird, wie Scheler sagt. Mit welchem Grund konnte Scheler behaupten, durch diese fünf Paare die Kriterien für das Höhersein des Wertes ausgeschöpft zu haben? Könnten sie sich nicht als die objektiven Wesenszusammenhänge im Sinne Schelers, sondern als die dem Wesen der menschlichen Beschaffenheit entsprechenden erweisen? Es ist durchaus fragwürdig, ob die oben genannten Zusammenhänge nur dem Werte wesensmäßige Zusammenhänge sind und nicht vielmehr die Wertunterschiedsmerkmale des Seienden überhaupt.

Das Gegensatzpaar von Absolutheit und Relativität ist einer kurzen Schilderung bedürftig. Der Wert des sinnlich Angenehmen, sagt z.B. Scheler, ist relativ, indem dieser Wert zu dem ihn sinnlich fühlenden Wesen "relativ" ist. Dieser Wert ist überhaupt nicht zu fühlen von einem Wesen, dem solches sinnliche Fühlen fehlt. Ihm ist der Wert des sinnlich Angenehmen (bzw. Unangenehmen) anschaulich gar nicht zugänglich, wenn es auch diesen

---

[152] *Formalismus*, S. 114. Die Kritik derselben findet man z.B. in Hartmann, *Ethik*, S. 253ff.
[153] a.a.O., S. 117.
[154] Vgl. S. 77ff. dieser Arbeit.

Wert "verstehen" kann [155]. Die Werte "Edel" und "Gemein" sind gleicherweise relativ zum "Lebewesen". Dagegen definiert Scheler die Absolutheit eines Wertes, und zwar sei ein Wert absolut nur dann, wenn dieser Wert nur für ein apriorisch **reines Fühlen** (rein phänomenologisch reduziertes Werterkennen, wie z.B. apriorisches, reines Vorziehen, Nachsetzen, Lieben oder Hassen etc.), das vom Wesen der Sinnlichkeit oder vom Wesen des Lebewesens völlig unabhängig ist, "existiert" [156].

Ferner stellt Scheler als Wesenszusammenhänge der Rangordnung noch die zwei Arten apriorischer Ordnungen von Werten dar. Die erste ist nach Scheler relativ formal in dem Sinne, daß das Höhersein der Werte durch ihren apriorisch zugehörigen Träger bestimmt wird, während die zweite eine rein **materiale** Ordnung ist, weil diese Ordnung der Werte sich auf "**Wertmodalität**" bezieht. Die erste solcher apriorisch-wesenhaften Beziehungen findet Scheler zunächst in dem Zusammenhang zwischen Person (als Träger) und sittlichen Werten, wie z.B. "Gut" und "Böse" [157]. Die anderen Träger der sittlichen Werte, wie z.B. Gesinnung, Absicht, Vorsatz und Entschluß etc., können "gut" oder "böse" durch den abhängigen Bezug auf das "Gute" oder "Böse" der Person als des ursprünglichen Trägers bestimmt sein; gleicherweise sind Wille und Handlung ableitungsweise "gut" oder "böse". Schelers Begründung dafür, warum sittlich "Gut" und "Böse" **nicht die Materie des Willens** werden können, ist also ersichtlich, daß einerseits aus dem Bestand des einen positiven sittlichen Wert realisierenden Erstrebens (d.h. des Willens) sich der "Umsturz der Werte" (z.B. beim "Pharisäismus") ergibt [158], und daß andererseits die Person als ihr Träger nur im Aktvollzug gegeben ist und als der Kern der intentionalen Akte nie objektiviert werden kann [159]. Denn "**Personwerten**"

---

[155] So sagt Scheler z.B.: "Gott kann Schmerzen verstehen, ohne sie zu fühlen". *Formalismus*, S. 118.

[156] *Formalismus*, S. 118: Scheler gibt selbst zu und sagt: "Aber wie immer diese Kriterien für das Höhersein eines Wertes auf Wesenszusammenhängen beruhen mögen, den letzten Sinn dieses Höherseins vermögen sie nicht zu geben. Gibt es nicht ein tiefer liegendes Prinzip als die genannten, durch das wir den letzten Sinn dieses Höherseins zu erfassen vermögen? Und aus dem sich die bisher genannten Kriterien herleiten lassen?" Vgl. a.a.O., S. 117.

[157] *Formalismus*, S. 120ff.

[158] a.a.O., S. 37 und 49.

[159] Einen ähnlichen Gedanken über die transzendentale Subjektivität als das konstituierende "ego" findet man z.B. in Funke, *Zur Transzendentalen Phänomenologie*, S. 99f. u. 142ff.

gegenüber stellen sich die "Sachwerte" dar. Die Sachwerte unterscheiden sich je nach der Art des Trägers in "Dingwerte", "Vitalwerte" und "geistige Werte" [160]. Personwerte stehen ohne Zweifel höher als Sachwerte.

In der zweiten Gruppe unterscheiden sich "Eigenwerte" und "Fremdwerte" [162], die nach Scheler an Höhe gleich sein sollen. Dennoch sieht Scheler den einen Fremdwert realisierenden Akt höher als den einen Eigenwert realisierenden an. Diese Feststellung Schelers beruht eher auf der Vorzugsregel des überlieferten sittlichen Gedankens als auf der apriorischen Wesenseinsicht [162].

Als dritte Gruppe der Werte zeigen sich "Aktwerte", "Funktionswerte" und "Reaktionswerte", deren Träger jeweils "intentionale Akte" sind (z.B. Erkennen, Lieben, Hassen, Willen), "Funktionswerte, wie Sehen, Hören oder Fühlen, und 'Reaktionen'" (nach Scheler z.B. "sich freuen über etwas") [163]. In der Wertskala stehen Aktwerte als höchste, Funktionswerte als zweite, Reaktionswerte als niedrigste, worüber uns leider die Wesenseinsicht in den Tatbestand fehlt.

Als Wertkategorien unterscheidet Scheler ferner die Gruppe von "Gesinnungs-", "Handlungs-" und "Erfolgswerten" sowie "Absichts-", "Vorsatz-", "Entschluß-" und "Ausführungswerte", welche in dieser Reihenfolge jeweils von dem Vorhergehenden abhängig sind; ferner die Gruppen von "Intentionswerten" und "Zustandswerten", die von den "Fundamentalwerten", "Formwerten" und 'Beziehungswerten', die von "Individualwerten" und "Kollektivwerten" sowie die von "Selbstwerten" und "Konsekutivwerten" [164]. In jeder dieser Gruppen soll nach Scheler die jeweilige Werthierarchie je nach dem Träger wesensmäßig ersichtlich sein.

Als die "wichtigsten und grundlegendsten aller apriorischen Beziehungen" bezeichnet Scheler die Rangordnung zwischen Wertmodalitäten, d.h. zwischen den "Qualitätssystemen der

---

[160] Vgl. S. 79 dieser Arbeit.
[161] Der Begriff "Eigenwert" ist zu unterscheiden von der Auffassung v. Rintelens, nach der "Eigenwert" im Sinne des "intrinsic value" im Gegensatz zum "Instrumentalwert" zu verstehen ist.
[162] *Formalismus*, S. 121: z.B. nach Nietzsche ist der Zusammenhang völlig umgekehrt.
[163] a.a.O., 1 S. 121.
[164] a.a.O., S. 121ff.

materialen Werte" [165]. Anstatt diese Qualitätssysteme und ihre Vorzugsregeln eingehend zu entwickeln und zu begründen, führt er nur einige Beispiele dieser apriorischen Rangordnungen zwischen den Werten auf. Erstens: als die niedrigste Modalität hebt sich zunächst die Wertreihe des "Angenehmen" und "Unangenehmen", die seit Aristoteles schon in seiner Dreiteilung bekannt geworden ist, ab [166]. Dieser Wertreihe entspricht die "Funktion des sinnlichen Fühlens" (Genießen und Erleiden), andererseits entsprechen ihr Gefühlszustände der Empfindungsgefühle (sinnliche Lust und Schmerz). Die Gesamtreihe dieser Werte ist, wie deutlich einzusehen ist, relativ auf das sinnliche Wesen.

Die zweite Modalität der Werte wird als "Inbegriff von Werten des vitalen Fühlens" bezeichnet [167]. In diese Gruppe gehören z.B. der Gegensatz von "Edlen" und "Gemeinen", "Tüchtigen" und "Schlechten", "Wohl" und "Weh", "Mut" und "Angst" usw. Die Selbständigkeit dieser Wertmodalität im Unterschied zu anderen herausgehoben zu haben, ist einer der wichtigsten Beiträge Max Schelers. Von Lebenswerten ist zu unterscheiden die Wertmodalität von "geistigen Werten" [168]. Sie sind völlig unabhängig hinsichtlich der Gegebenheit von anderen Wertmodalitäten und im reinen Fühlen sowie Vorziehen und Nachsetzen apriorisch gegeben. Nach Scheler sind z.B. "Schön" und "Häßlich" im rein ästhetischen Bereiche, "rechte" und "unrechte Werte" der Wahrheitserkenntnis, "Kulturwerte" sowie "Freude" und "Trauer" als Zustandswerte gesehen. "Gefallen" und "Mißfallen", "Billigen" und "Mißbilligen" usw. gehören noch dazu.

Als letzte und höchste Wertmodalität hebt sich gegenüber allen anderen Wertmodalitäten "Heilig" und "Unheilig" hervor. Dazu gehören "Seligkeit" und "Verzweiflung", "Gläubig" und "Ungläubig" usw.[169].

Es ist dabei ausdrücklich darauf aufmerksam zu machen, daß diese materiale Rangordnung der vier Modalitäten der Werte nirgendwo die Modalität der sittlichen Werte enthält [170]. Diese auffallende Tatsache hat entscheidende Bedeutung für die

---

[165] *Formalismus*, S. 125.
[166] ebenda.
[167] a.a.O., S. 126.
[168] a.a.O., S. 127ff.
[169] a.a.O., S. 129.
[170] a.a.O., S. 125.

Grundlegung der materialen Wertethik Schelers, worauf wir im dritten Kapitel zurückgreifen werden. Andererseits machen alle diese apriorischen Wesenszusammenhänge in bezug auf die Rangordnung der Werte auch die Grundlage für die Herausstellung der Ethik aus. Ausführlich entwickelt sind siese Wesenszusammenhänge von Scheler nicht: seine Darstellungen bleiben unsystematische Hinweise, wobei selbst eine philosophische Begründung nicht angedeutet ist [171].

Das Wichtigste ist zweifellos darin zu sehen, daß Scheler innerhalb der Wertqualitäten das "Verhältnis des Höheren und Niedrigeren" nach verschiedenen Bezügen als wesenhaft bestehend aufgewiesen hat. Im Gegensatz zum Quantitativen findet sich beim Qualitativen (z.B. auch bei dem Wert als materialem Quale) die relative Steigerung des Grades: z.B. gibt es verschiedene Grade von "Schön" oder "Gläubig" etc.).

Diese Wesenszusammenhänge sind nach Scheler im Vorziehen und Nachsetzen als emotionalem Werterkenntnisakt unmittelbar gegeben, die Werte geben sich selbst unmittelbar als Wesen im reinen Fühlen. Wenn nicht nur die apriorische Erkenntnis der Werte als Wesen, sondern auch ihrer Wesenszusammenhänge im Sinne der materialen Wertrangordnung a priori besteht und wir in der Lage sind, Werte apriorisch zu erkennen und ihre Verhältnisse zum Höheren und Niedrigeren in der Selbstgegebenheit adäquat zu erfassen, so ergibt sich wesensnotwendig die Möglichkeit der Grundlegung zur apriorisch materialen Wertethik.

---

[171] *Formalismus*, S. 125.

KAPITEL III

MAX SCHELERS WERTPHÄNOMENOLOGISCHER ANSATZ UND DAS PROBLEM DER GRUNDLEGUNG DER ETHIK

Allgemein anerkannt ist Schelers Bemühung, durch die Aufweisung der nicht ausgesprochenen sowie der expliziten Voraussetzungen der Kantischen Philosophie völlig neue Bedingungen für den Aufbau der Ethik auf Grund der apriori-materialen Wertethik in einer neuen Einstellung aufzuweisen. Die diesem Entwurf zugrundeliegende neue Zugangsart (d.h. die Einstellung) ist als "phänomenologisch" nicht nur von Scheler selbst, sondern auch im allgemeinen zur Kenntnis genommen worden.

Unsere Aufgabe war es zunächst, diese methodologische Seite mit besonderer Rücksicht auf die "Wesensschau" durch alle Entwicklungen der Husserlschen Phänomenologie ans Licht zu bringen. In dem Ergebnis unserer explikativen Untersuchungen über den methodologischen Begriff der Wesensschau Husserls, insbesondere in der Analyse über "Typus" und "Typisierung", fanden wir eine mögliche methodologische Begründung für die Konzeption der "phänomenologischen Anschauung" Schelers.

Im Vergleich mit Husserls Wesensschau und seiner phänomenologischen Methode wurden Schelers Phänomenologie und phänomenologische Reduktion als die Methode zur philosophischen Enthüllung des "Werterlebens" und des "emotionalen Lebens" durch die Leitfäden der "Wesensschau" und "Intentionalität" systematisch ausgelegt. Ferner stellten wir die konkret durchgeführte Analyse der Werte und des emotionalen Lebens als seine phänomenologische Axiologie dar. Dabei begrenzten sich unsere Erörterungen auf die allgemeine Struktur seiner Wertlehre. Somit ist das Wesen der sittlichen Grundwerte von "Gut" und "Böse" und ihr Zusammenhang mit anderen Werten absichtlich außer Betracht geblieben.

Auf Grund der vorhergehenden Untersuchungen sind wir nun

in der Lage, das Problem der Grundlegung der Ethik thematisch zu erörtern. Zunächst ist erstrebt, den allgemeinen Problemhorizont der Grundlegung der Ethik herauszustellen. Aus dieser Perspektive läßt sich Schelers Standort klar bestimmen.

Zweitens befaßt sich unsere Untersuchung mit der Frage nach dem Zusammenhang der sittlichen Werte mit den übrigen Wertqualitäten, zu der Scheler einen bedeutenden Beitrag gegenüber Kants Auffassungen geleistet haben könnte. Dann bemühen wir uns, auf Grund der apriorischen Werttheorie nicht nur Schelers intentionale Analyse von "Ziel" und "Streben", sondern auch die Analyse des ganzen Komplexes des Wertverwirklichungszusammenhanges systematisch zu verfolgen, damit der wertphänomenologische Ansatz Schelers zum Problem des Kriteriums für sittliches Handeln hervorgehoben werden kann.

Von den oben angegebenen Aufgaben ist das Problem der "Person" wesensmäßig völlig verschieden. Anstatt nach der Bestimmung des Kriteriums für sittlich richtiges Handeln zu fragen, handelt es sich hierbei um das Wesen des "Sittlichgutseins" und des "Wertwachstums" der sittlichen Person. In diesem Zusammenhang wird auf die Grenze der allgemeinen normativen Ethik hingewiesen und ferner Schelers Versuch über eine Synthese des apriorischen Universalismus und des konkreten sittlichen Individualismus im Hinblick auf die sittliche Person durch den "lebendigen Geist" erläutert.

§ 10. ALLGEMEINE PROBLEME DER GRUNDLEGUNG DER ETHIK

Unter den allgemeinen Problemen der Grundlegung der Ethik versteht man 1. das Problem des Kriteriums für das sittlich rechte Handeln und ferner das des Wesenszusammenhanges zwischen dem sittlich Rechten, dem sittlichen Sollen und dem Guten, und 2. das Problem von Sinn und Aufgabe der sittlichen Prädikate (bzw. der sittlichen Propositionen)[1]. Um das erste Problem streiten sich die "Deontologisten" und die "Teleologisten" (bzw. die Utilitarier). Nach der Terminologie Schelers entspricht dieser Un-

[1] Vgl. z.B. Raphael, *Moral Judgement*, S. 9ff.; Frankena, *Ethics*, S. 4 u. 78ff.; auch Prior, *Logic and the Basis of Ethics*, S. VIIff.

terschied zwischen dem Deontologismus und dem Utilitarismus ungefähr dem Gegensatz von "Gesinnungsethik" und "Erfolgsethik". Durch seine Kritik an den Voraussetzungen der praktischen Philosophie Kants bemüht sich Scheler, wie wir im I. Kapitel ausführlich verdeutlicht haben, um eine Synthese der beiden ethischen Gedanken mittels der apriorisch materialen Axiologie. Solange Scheler, wie gezeigt wird, jenes Kriterium in der Verwirklichung des als höchsten (bzw. höheren) vorgezogenen Wertes findet, kann man ihn doch als "teleologisch" im weitesten Sinne bezeichnen, wenn auch bei ihm der Wert und Wertverwirklichungszusammenhang streng auf den Raum des Apriorischen begrenzt sind. Mit dem Anspruch auf die Apriorität vermeidet Scheler vorsichtig, jenes Kriterium von dem aposteriorischen Handlungserfolg abhängig zu machen, was ihn von den anderen "Teleologisten" unterscheidet.

In der zweiten Frage stehen die Meinungen der "Intuitionisten" und der "Reduktionisten" oder "Definisten" (d.h. hauptsächlich der "Naturalisten") gegeneinander.

Nach dem Reduktionismus sind alle ethischen und sonstigen Wertprädikate mittelbar oder unmittelbar durch irgendeinen nicht-sittlichen "Tatbestand" zu bestimmen. Damit ist die Eigenständigkeit der Sittlichkeit bzw. der Werte verneint und Sinngehalt solcher Grundbegriffe wie Sollen, sittlich Gut und Böse und der übrigen Werte ist "abgeleitet" (im Sinne des "bestimmt" oder "definiert") von irgendeiner Naturanlage (z.B. der "sinnlichen Lust und Unlust" oder dem "Gefühl" der Zufriedenheit sowie der Aristotelischen "Vernunft" als dem Eigentlichen des menschlichen Wesens) oder z.B. vom "Befehl Gottes" oder von der "Erhaltung der Spezies". Wenn der Reduktionist oder Definist tatsächlich logisch konsequent seinen Gesichtspunkt durchhalten und von der Gefahr der "naturalistic fallacy" frei bleiben will, muß er notwendigerweise aufgeben, eine Ethik zu entwickeln und stattdessen z.B. "Hedonik" oder "psychologische Eudaimonistik des Vernünftigen" oder "Theologie" oder "biologische Strategie" betreiben [2].

Gegen solche μετάβασις εἰς ἄλλο γένος besteht der Intuitionist auf der Eigenartigkeit und Eigenständigkeit der Sittlichkeit (bzw. des Sollens) und des Wertphänomens. Vom allgemeinen Stand-

[2] Vgl. Prior, *Logic and the Basis of Ethics*, S. 1–12, insbesondere S. 9 und 10.

punkt aus gesehen, war David Hume als Nachfolger Hutchisons ein naturalistischer Reduktionist und sogar teilweise auch ein vorwegnehmender "subjektivistischer Emotivist" [3]. Dennoch wies seine scharfsinnige Erörterung deutlich auf die Unableitbarkeit des "Sollens" von dem "Sein" und damit des "Seinsollenden" von dem "Seienden" (bzw. von seinem "Zustande") hin. Die berühmte Passage lautet:

> "In every system of morality, which I have hitherto met with, I have always remarked, that the author proceeds for some time in the ordinary way of reasoning, and establishes the being of God, or makes observations concerning human affairs; when, of a sudden, I am surprised to find, that, instead of the usual copulations of propositions, *is* and *is not*, I meet with no proposition that is not connected with an *ought* or an *ought not*. This change is imperceptible; but is, however, of the last consequence. For as this *ought*, or *ought not*, expresses some new relation or affirmation, 'tis necessary that it should be observed and explained; and that the same time that a reason should be given, for what seems altogether inconceivable, how this new relation can be a deduction from others, which are entirely different from it. But as authors do not commonly use this precaution, I shall presume to recommend it to the readers; and am persuaded that this small attention would subvert all the vulgar systems of morality, and let us see that the distinction of vice and virtue is not founded merely on the relations of objects, nor is perceived by reason" [4].

Damit ist die Möglichkeit aller Versuche ausgeschlossen, den Ursprung des sittlichen Sollens bzw. des sittlich Gut und Böse sowie der Werte überhaupt auf die menschliche Naturanlage oder auf irgendeine Beschaffenheit des Seienden zurückzuführen. Der erste Beantwortungsversuch der von Hume gestellten Aufgabe war Kants Unternehmung, für die Grundlegung der Ethik das Kriterium der Sittlichkeit im Pflichtbewußtsein als der Selbstgesetzgebung der praktischen Vernunft durch jenes Verallgemeinerungsprinzip der sittlichen Maxime zu geben. Man könnte diesen Kantischen Versuch als eine andere Art des Reduktionismus bezeichnen, denn Kant führt Allgemeinheit und Notwendigkeit des sittlichen Sollens hinsichtlich des Forderungsbestandes mittels jener Verallgemeinerung auf die Analogie zur apriorischen Geltung des allgemeinen Naturgesetzes zurück. Dennoch leistet Kant bei seinem "monistischen Deontologismus" einen großen

---
[3] Vgl. Raphael, *Moral Sense*, S. 76, Anm. 2; Prior, *Logic and the Basic of Ethics*, S. 31ff. u. 61.
[4] Hume, *A Treatise of Human Nature*, II. i. 1, S. 469; Raphael, *The Moral Sense*, S. 65.

Beitrag nicht nur dadurch, daß die Eigenständigkeit des sittlichen Phänomens durch die Unableitbarkeit von irgendeinem Bestande sich deutlich erweisen läßt, sondern darin, daß Kant die a priorische Gültigkeit auch als eine "notwendige Bedingung" für das Sittliche überhaupt explizite herausstellt.

Wie der Reduktionist möglich entweder deontologisch (z.B. durch den Befehl Gottes) oder teleologisch (z.B. durch Zurückführung auf Lust und Unlust) eine praktische Philosophie entwickeln kann, so ist auch der Intuitionist in der Lage, den Weg des Deontologismus (Kant und Ross z.B.) oder den anderen Weg des Teleologismus (z.B. Sidgwick, Moore, Scheler) hinsichtlich des Aufbaues der Ethik zu beschreiten. Beim ersten Weg versteht man, wie z.B. Kant, unter dem "Sollen" (bzw. der "sittlichen Pflicht") eine "Tatsache" sui generis und versucht, alle sittlich fundamentalen Begriffe durch das "Sollen" zu bestimmen, dessen Phänomen danach als allgemeingültiges Urphänomen intuitiv zu erfassen ist. In der zweiten Richtung bemüht man sich, eine Wertlehre zu entwickeln und damit Sollen und andere Grundbegriffe der Moralen auf die Erkenntnis und Verwirklichung der Werte zurückzuführen (wobei bei Scheler Werte und Werterkenntnisse selbstverständlich nicht von aposteriorischer Abstammung, sondern apriorisch intuitiv zugänglich sind).

Jede Form der Phänomenologie ist ihrem Wesen nach Anti-Reduktionismus: sie lehnt kategorisch jede Theorie ab, die erstrebt, die vorgegebene Tatsache von irgendetwas erklärend abzuleiten oder sie auf irgendeinen anderen Tatbestand zurückzuführen. Vielmehr ist ihr Leitmotiv, auf die Tatsache selbst, wie sie sich zeigt, als unmittelbar Gegebenes dadurch zurückzugehen, daß sie alle möglichen Vorurteile sowie naiven Bekanntheiten, die diese Tatsache selbst, wie sie ist, verbergen, ausschaltet. Diese für die Phänomenologie unentbehrliche Methode heißt die "phänomenologische Reduktion" im weitesten Sinne. Wie vorher ausgeführt, ermöglicht dieses phänomenologische Verfahren Scheler, eine apriorisch materiale Werttheorie zu entwickeln und damit den Weg des "intuitionistischen apriorischen Teleologismus" einzuschlagen. Für unsere Untersuchung wählen wir als treffendes Beispiel den Grundlegungsversuch Max Schelers.

§ 11. APRIORISCHE WERTERKENNTNIS UND DAS VERHÄLTNIS DER SITTLICHEN WERTE ZU DEN ÜBRIGEN MATERIALEN WERTEN

Die Frage nach dem, was eigentlich die sittliche Handlung sittlich macht, bezieht sich auf das Problem des Kriteriums für sittlich rechtes Handeln. In dem (intuitiven) Deontologismus Kants zeigt sich der "kategorische Imperativ" als ein solches Kriterium. Hingegen sucht es Scheler in der Verwirklichung des als höher vorgezogenen Wertes. Dabei handelt es sich um die Bestimmung des sittlich Guten und Bösen durch den Bezug auf die übrigen (d.h. nicht sittlichen) Werte.

Greifen wir nochmals auf das Wesentliche der "phänomenologischen Wertlehre" Max Schelers zurück, soweit sie unsere Problematik betrifft. Alles, was sich in der "Welt" befindet, ist nach Scheler ursprünglich genauso werthaft wie seinshaft. Wenn man die sogenannte phänomenologische Reduktion vollzieht, so erfaßt man durch "Absehen von allen realen Seinssetzungen" und durch den Gehalt einer unmittelbaren Anschauung nun diese in der Realität schon verwirklichten Wertqualitäten als Wesen-"Werte". Diese apriorischen "Werte", die als Wesen in der phänomenologischen Einstellung so selbstgegeben, d.h. im intuitiv erfassenden Akt gegeben sind, weisen sich als selbständige Phänomene aus und konstituieren dabei Gegenständlichkeiten von neuer Art. Solche intuitiv unmittelbar erfassenden Akte sind nach Scheler durch ihren intentionalen Bezug auf Wertgehalte emotionale apriorische Erkenntnisakte, wie z.B. reines Fühlen, Lieben und Hassen, Vorziehen und Nachsetzen, Streben und Wünschen.

Zum Wesen der Werte gehört ferner nach Scheler das Höhersein (bzw. Niedrigersein). Es ist nur im Akt des Vorziehens (bzw. Nachsetzens) unmittelbar selbst gegeben. Im ganzen Bereich der apriorischen Werte stehen damit alle Werte nach Scheler wesenhaft primär im Verhältnis von "höher" und "niedriger" zueinander. Somit ist das intentionale "Fühlen" der Werte selbst, wie Scheler zeigt, wesensnotwendig fundiert auf ein "Vorziehen" und "Nachsetzen": nach Scheler findet sogar alle Erweiterung des Wertbereiches (eines Individuums z.B.) allein "im" Vorziehen und Nachsetzen statt [5].

---

[5] *Formalismus*, S. 109f. Für die Erweiterung des einem bestimmten erkennenden

Außerdem zerfällt die ganze Sphäre der Werte in "positive" und "negative" Werte, wie z.B. "angenehm" und "unangenehm", "schön" und "häßlich", "gut" und "böse" usw. [6].

Durch die apriorischen Wesenszusammenhänge zwischen den Werten und Wertträgern unterscheiden sich zunächst die "Sachwerte" und die "Personwerte". Jene teilen sich weiterhin in "Dingwerte", "Vitalwerte" und "geistige Werte" auf. Außer denjenigen "Personwerten", die Scheler die Werte "Gut" und "Böse" nennt, stehen die übrigen Werte in einer fundamentalen apriorisch-materialen Rangordnung der Wertmodalitäten. Vermöge dieser Wesenszusammenhänge sind die sittlichen Grundwerte von "Gut" und "Böse" auf die übrigen nicht sittlichen, materialen Werte erst wesensmäßig bezogen. Wie der Zusammenhang der sittlichen Werte "Gut" und "Böse" mit den übrigen Werten beschaffen ist, zeigt sich nach Scheler folgendermaßen: "Alles gut und böse ist notwendig am Akte der Realisierung gebunden, die auf (mögliche) Vollzugsakte hin erfolgen" [7]. Dabei besteht das entscheidende Moment in der Rangordnung, die im Wesen der Werte selbst gründet. Deshalb behauptet Scheler, daß die Realisierung eines bestimmten Wertes niemals an sich gut und böse sei, wenn es keine Wesenszusammenhänge des Höheren und des Niedrigeren zwischen Werten gäbe [8].

"Der Wert 'Gut' – im absoluten Sinne – ist dann derjenige Wert, der wesensgesetzmäßig an dem Akt der Realisierung desjenigen Wertes erscheint, der (für die Erkenntnisstufe des ihn realisierenden Wesens) der höchste ist. Der Wert "Böse" – im absoluten Sinne – aber ist derjenige, der am Akte der Realisierung des niedrigsten erscheint" [9]. Weil sittlich gut (bzw. böse) durch die im Vorzugsakte (bzw. Nachsetzen) gegebene Höhe (bzw. Niedrigsein) bestimmt ist, kann der Wert "gut" (bzw. "böse") dementsprechend auch relativ, d.h. höher (bzw. niedriger) sein [10].

Wesen verfügbaren Wertbereiches ist nach Scheler der eigenartige intentionale Emotionalakt der "Liebe" (bzw. des "Hasses" für die Verengung) grundlegender, als "Vorziehen" (bzw. "Nachsetzen"). Vgl. *Formalismus*, S. 275, *Sympathie*, S. 65ff. u. 170ff.

[6] *Formalismus*, S. 102. Dieser Wertgegensatz ist zweifellos trotz des irreführenden Begriffsgebrauches nicht kontradiktorisch, sondern konträr. Vgl. S. 80 dieser Arbeit.

[7] *Formalismus*, S. 49.
[8] a.a.O., S. 47.
[9] a.a.O., S. 48.
[10] ebenda.

Etwas anders ausgedrückt: "Sittlich gut ist der wertrealisierende Akt, der seiner intendierten Wertmaterie nach mit dem Wert übereinstimmt, der 'vorgezogen' ist, und dem widerstreitet, der 'nachgesetzt' ist; böse ist der Akt, der seiner intendierten Wertmaterie nach dem vorgezogenen Werte widerstreitet und mit dem nachgesetzten Werte übereinstimmt. In dieser Übereinstimmung und diesem Widerstreit besteht nicht etwa 'gut' und 'böse'; wohl aber sind sie wesensnotwendige Kriterien für ihr Sein" [11]. Das heißt, Übereinstimmung und Widerstreit besagen nur notwendige Bedingungen für "Gut" und "Böse". In bezug auf den Unterschied zwischen "positiven" und "negativen" Werten bezeichnet Scheler "gut" ferner als denjenigen Wert, "der an dem realisierenden Akt haftet, der innerhalb der höheren (resp. höchsten) Wertstufe den positiven Wert, im Unterschied vom negativen Wert realisiert", "böse" als den Wert, "der an dem den negativen Wert realisierenden Akt haftet" [12].

Aus dem Gesagten tritt hervor, daß "sittlich gut" dann und nur dann erscheint, wenn der (1) wertrealisierende Akt, d.h. das Wollen, sich auf den (2) positiven *und* (3) als höher vorgezogenen Wert verwirklichend intendiert. Dabei müssen all diese drei notwendigen Bedingungen, die insgesamt die notwendige *und* hinreichende Bedingung für sittlich "gut" ausmachen, d.h. die Realisierung eines nichtsittlichen Wertes durch das Wollen, das Höhersein dieses von Wollen intendierten Wertes, und die Positivität dieses Wertes vorhanden sein.

Daraus folgt, daß sittlich Gut und Böse nie Materie des realisierenden Aktes sein können [13]. Denn logisch ist ausgeschlossen, daß, was zu bestimmen ist, in dem Bestimmenden wiederum enthalten ist. In der Tat ist diese Explikation Schelers der sittlichen Werte "Gut" und "Böse" nichts anderes als die "teleologistische Definition" von Gut und Böse, wenn auch sittlich Gut und Böse nicht durch etwaige natürliche Beschaffenheiten bestimmt wären; vielmehr sind sie durch das Wesen des nicht-sittlichen apriorischen Wertes und seiner Realisierung definiert. Der Unterschied

---
[11] *Formalismus*, S. 48.
[12] ebenda.
[13] "... er (d.h. der Wert "Gut") erscheint an dem Willensakte. Eben darum kann er nie die Materie dieses Willensaktes sein. Er befindet sich gleichsam 'auf dem Rücken' dieses Aktes, und zwar wesensnotwendig; er kann daher nie in diesem Akte intendiert sein". *Formalismus*, S. 49. Wenn ein sittlicher Wert gewollt wird, ergibt sich nach Scheler der Pharisäismus. Vgl. ebenda.

der Auffassung Schelers von denen der anderen Teleologisten besteht darin, daß sittlich Gut und Böse nicht von dem Handlungserfolg und Mißerfolg abhängig gemacht sind und damit trotz ihrer teleologistischen Bestimmung (d.h. der Wertverwirklichung) a priori bleiben.

Dennoch besteht Scheler auf der intuitiv klar fühlbaren materialen Wertqualität des sittlichen Gut und Böse und anderen Wertphänomenen und auch auf ihrer Undefinierbarkeit [14]. Sind sittlich Gut und Böse, wie behauptet, unmittelbar im Fühlen sowie im Vorziehen und Nachsetzen anschaulich zugänglich, dann sind diese sittlichen Werte in doppelter Weise zu erkennen und, solange es ihre Erkenntnis betrifft, die herausgestellten Bedingungen nun eigentlich überflüssig. Wenn sittlich Gut und Böse durch den anderen nicht-sittlichen Wert "wesensnotwendig" sich bestimmen lassen, sind sie nicht mehr sogenannte "simple qualities" [15], die allein intuitiv selbstgegeben sind? Damit wird aber nicht gefragt, ob Scheler eine "naturalistic fallacy" begeht, sondern gefragt ist nach seiner Inkonsequenz im Hinblick auf das Wesen des sittlichen "Gut" und "Böse".

Nach Scheler sind die sittlichen Werte "Gut" und "Böse" primär der Person zukommend. Deshalb nennt er sie "Personwerte" im Gegensatz zu "Sachwerten". In zweiter Linie ist Tugend (bzw. Laster) sittlich wertvoll (bzw. sittlich unwert) und erst in dritter Linie heißt das Wollen, d.h. der wertverwirklichende Akt, sittlich gut oder böse. Ferner behauptet Scheler, es gebe außer diesem spezifischen Akte solche Akte wie "Versprechen", "Befehlen", "Gehorchen" und "Verzeihen" etc., die gleichwohl Träger sittlicher Werte sind [16]. Ob diese Behauptung über die Analyse der Bestimmung der sittlichen Werte "Gut" und "Böse" konsequent ist, scheint doch sehr fragwürdig. Denn sittlich Gut und Böse sind definiert in bezug auf diesen spezifischen Akt des Wollens (d.h. des wertverwirklichenden Aktes), und dieser Akt müßte somit vielmehr der ursprünglichste Träger von Gut und Böse sein. Diese Inkonsequenz scheint sich aus dem zweideutigen Gebrauch der Begriffe "sittlich Gut" und "Böse" zu ergeben.

Auf der einen Seite ergibt sich deutlich aus der oben ausgeführ-

[14] *Formalismus*, S. 47.
[15] Moore, *Principia Ethica*, S. 17 u. 21.
[16] *Formalismus*, S. 51.

ten Analyse über sittlich Gut und Böse, daß sittlich Gut und Böse erst am Willen, d.h. am wertrealisierenden Akt, erscheinen. Das besagt nicht mehr, als was wir unter dem "Kriterium für sittlich rechtes Handeln" verstehen. Was sittlich (rechtes) Handeln sittlich macht, soll nach Scheler in dem intentionalen Akt, der den positiven, als höchsten vorgezogenen Wert verwirklicht, bestehen. Damit ist dieses Kriterium dank seiner Unabhängigkeit von dem Handlungserfolg a priori und zugleich durch die Verwirklichung des höchsten, positiven Wertverhaltes teleologisch. Sittlich "gut" in diesem Sinne bezieht sich auf das sittlich rechte Handeln.

Auf der anderen Seite ist Scheler der Ansicht, daß ursprünglich die Person der Träger der sittlichen Werte ist. Damit ist aber gesagt, daß nicht die Handlung, sondern die Person der Träger primär sittlich gut und böse heißen muß, und zwar macht die Handlung nicht die Person sittlich gut, sondern aus der sittlich guten Person "erfolgt" (aber nicht im kausalen Sinne) wesensnotwendig sittlich gutes Handeln. Damit bestätigt Scheler das Primat des Sittlich-gut-seins der Person vor dem sittlich guten Handeln [17]. Daraus ist ersichtlich, daß "sittlich gut" als Wertprädikat der Person von "sittlich gut" als Kennzeichen für das Kriterium des sittlich rechten Handelns zu unterscheiden ist.

§ 12. INTENTIONALE ANALYSE VON STREBEN UND SEINEM KORRELAT

Bei der Grundlegung der Ethik Schelers handelt es sich prinzipiell darum, alle sittlichen Prinzipien sowie alle sittlichen Erkenntnisse letzten Endes auf die im apriorisch emotionalen Akt anschaulich erfaßten Werte als "Tatsachen" und auf ihre apriorischen Zusammenhänge zurückzuführen. Wir befassen uns nun mit der Frage, wie eigentlich das Wesen des Willens als eines der fundamentalsten sittlichen Akte in den apriorischen Wertverhalten und Werterkenntnissen gründen kann.

Wie im vorhergehenden Paragraphen ersichtlich wurde, stellte schon Schelers phänomenologische Analyse fest, daß sich der Wille wesensgemäß zunächst als "wertrealisierender Akt"

[17] Das Problem der Person wird später zur ausführlichen Erörterung kommen.

auslegt, und zugleich, daß der sittliche Wert "Gut" bzw. "Böse" durch den (den höchsten vorgezogenen – bzw. als niedrigsten nachgesetzten – realisierenden) Akt des Wollens bestimmbar ist. Um das Wesen des Wollens material herauszustellen, lehnt Scheler es übereinstimmend mit Kant ab, dem Weg der Zweckethik (z.B. des Utilitarismus) zu folgen, die die Prinzipien der Sittlichkeit einseitig nur von der Setzung des empirischen Inhaltes eines bestimmten Zweckes (z.B. der größten Wohlfahrt der größten Zahl der Gesellschaftsmitglieder) abhängig macht. Andererseits weist er den Deontologismus Kants auch zurück, der versucht, wegen der Aposteriorität von dem Willensinhalt abzusehen und rein formal das sittlich Gut (bzw. Böse) allein aus der Selbstgesetzgebung des reinen Willens auf sich selbst auszulegen und damit den Willen als die praktische Vernunft zu verstehen. Vielmehr zeigt sich nach Scheler das Wesen des Willens im intentional korrelativen Zusammenhang mit dem "Zweck" (Willenszweck) phänomenologisch gerade in dem Wertbezug des ihm zugrundeliegenden Strebens *und* in dessen Wertverwirklichung durch die Willenshandlung. Da das Wollen gerade ein Streben ist, um diese intentionale Zusammengehörigkeit zwischen Willen und Zweck sichtbar zu machen, bemüht sich Scheler um die phänomenologische Analyse von verschiedenen Typen des "Strebens". Damit erreicht Scheler erst, den Zusammenhang zwischen Zweck und Willen von dem zwischen Ziel und Erstreben zu unterscheiden und ferner den ersten hinsichtlich des Wertbezugs auf den letzteren zurückzuführen.

Zunächst unterscheidet sich "Aufstreben" von den anderen Typen des Strebens, dessen Phänomen nach Scheler im "puren Bewegungsdrang" sehr deutlich sichtbar sei, wie z.B. im "dumpf drängenden Angstzustand" [18]. Von "Aufstreben" sind zu scheiden "Wegstreben" und "Fortstreben". Wegstreben und Fortstreben sind noch nicht zielbestimmt, sondern es tritt dabei nur schon die Wertrichtung klar hervor [19]. Erst im "Erstreben" ist das vom Wertverhalt eindeutig bestimmte "Ziel" als ein intentionales Korrelat immanent gegeben.

Von entscheidender Bedeutung ist für Scheler beim Strebungserlebnis der Tatbestand, daß die apriorische Wertbestimmung

---

[18] *Formalismus*, S. 54.
[19] ebenda.

dem Streben als emotionalem Akt immer zugrundeliegt. Was erstrebt wird, ist das Ziel, aber durch Streben wird nicht Wert hervorgebracht, sondern er liegt dem Ziel zugrunde: im Ziel unterscheiden sich "Wertkomponenten" und "Bildkomponenten", wobei "Wertkomponenten" vollkommen klar im Bewußtsein (im Strebenserlebnis) gegeben sind, während "Bildkomponenten" des Ziels in Dunkelheit bleiben (gegebenenfalls ganz fehlen) können [20].

Und da diese Wertqualitäten im Inhalt des Strebensziels apriori, unabhängig von der Erfahrung seiner Bildkomponenten, im Akt des Erstrebens selbst gegeben und damit diese fundierend sind, so ergibt sich nach Scheler die Möglichkeit für die a priori materiale Wertethik. Das Wollen ist ein Streben, in dem ein Inhalt des Ziels vorstellig als ein zu realisierender gegeben ist [21]; dementsprechend beruht der Zweck so auf dem Ziel, daß das Strebensziel durch den Akt des "Vorstellens" erst zum Zweck wird. Auf den Willen bezogen, muß der so vorgestellte Zielinhalt des Strebens als realeinsollend gegeben sein, während die Wertkomponente des Strebensziels aber nur im Modus des Idealeinsollens gegeben sind. Dem Ziel gegenüber muß der Inhalt des Zwecks nach Scheler vorgestellt und somit immer bildmäßig deutlich bestimmt sein. Damit ist gesagt, daß die "Vorstellung" des Zielinhaltes und das "Realeinsollen" der Wertkomponente als Bedingungen für den Willenszweck vorhanden sein müssen. Fehlt nun dabei das zweite Moment, d.h. die Realisierung, weil der primäre Inhalt des Wollens durchaus das Wollen des Sachverhaltes ist, dann besteht nach Scheler erst ein "bloßer Wunsch" [22], wobei der Wunsch im Unterschied zum Erstreben unbedingt die Vorstellung des Ziels voraussetzt.

Zu diesen zwei Bedingungen fügt Scheler noch ein anderes unerläßliches Moment hinzu, damit der Zweck des Willens zustande kommt: "Der Willenszweck entspringt aus einem Wahlakt, der gestützt auf die Wertziele der vorhandenen Strebungen erfolgt und als ein Strebungsakt durch einen Akt des Vorziehens zwischen diesen Materien fundiert ist" [23]. Nicht unmittelbare Strebung allein, sondern der Willensakt ist sittlich "gut", der im Hinblick auf die vorgestellten Zielinhalte den als höchsten vorgezogenen

---

[20] *Formalismus*, S. 56.
[21] a.a.O., S. 143.
[22] a.a.O., S. 62, 139, 144ff.
[23] a.a.O., S. 63; vgl. S. 277.

Wert als zu realisierenden erwählt [24]. Durch diese noetisch-noematische Analyse stellt Scheler das Wollen als einen komplex aufgebauten emotionalen Akt dar, der, wie schon oben gesehen, auf Erstreben und Vorstellen beruht. Dementsprechend zeigt sich der Willenszweck als so vorgestellter realseinsollend erwählter Zielinhalt. Daß sich der Mensch, genau gesprochen der Wille, den Zweck setzt, ist insbesondere hinsichtlich seiner sittlichen Bestimmung nicht wesentlich, sondern der Vorrang des Wertverhaltes ist dabei deutlich einzusehen.

Für die Grundlage der Ethik sieht Scheler die formale Zwecksetzung des Wollens nicht als das entscheidende Moment an, sondern den tiefsten und wichtigsten Unterschied der Sittlichkeit zwischen Menschen erblickte er in den ihnen erkenntnismäßig zur Verfügung stehenden apriorischen Wertmaterien *und* zugleich in den bereits im Vorziehen und Nachsetzen gleichsam automatisch gegebenen Aufbauverhältnissen des Höheren und Niedrigeren zwischen diesen Wertmaterien; dazwischen allein dürfen wir wählen und zwecksetzen. Das heißt: die apriorische Struktur dieser Wertverhalte gibt nach Scheler den möglichen Spielraum für ihre Zwecksetzung ab [25]. Dabei spielt eine ausschlaggebende Rolle wiederum das Ordnungssystem des Höher- und Niedrigerseins nicht nur zwischen apriorischen Werten, die in den Strebungen gegeben sind, sondern auch für das Vorziehen innerhalb möglicher Strebungen. Scheler macht somit den möglichen sittlichen Wert der Person nicht nur davon abhängig, "welche Wertmaterien überhaupt im Streben zur Wahl vorliegen und welche Höhe sie repräsentieren (in der objektiven Ordnung)", sondern auch davon, "in welcher Ordnung des Vorzugs die Strebungen an die Sphäre des zentralen Wollens herantreten" [26]. Je höher das sittliche Wesen der Person, behauptet Scheler, desto eindeutiger bestimmend ist die Wertdetermination der Vorzugsordnung bei der Wertmaterie sowie bei den Strebungen, sodaß man sich fragen muß, wie weit eigentlich der Wahlakt des Willens dabei **frei** ist: "Vielmehr ist es eben für die hochstehende sittliche Natur eines Menschen charakteristisch, daß bereits das unwillkürliche automatische Auftreten seiner Strebungen und der

---

[24] *Formalismus*, S. 63.
[25] ebenda.
[26] a.a.O., S. 34 und 36.

materialen Werte, auf welche diese 'zielen', in einer Ordnung des Vorzuges erfolgt, daß sie – gemessen an der objektiven Rangordnung der materialen Werte – ein für das Wollen bereits weitgehend geformtes Material darstellen. Die Vorzugsordnung wird hier – mehr oder weniger weitgehend und für verschiedene materiale Wertgebiete in verschiedenem Maße – zur inneren Regel des Automatismus des Strebens selbst und schon der Art und Weise, wie die Strebungen an die zentrale Willenssphäre gelangen" [27].

Wie im I. Kapitel angedeutet wurde, bemüht sich Scheler dadurch, Kants Auffassung von Zweck und Willen zu widerlegen und die apriorische grundsätzliche Wertbestimmtheit dieses intentionalen Zusammenhanges (Zweck und Wollen) aufzuzeigen. Um die Aufgabe der Grundlegung der apriorischen materialen Wertethik zu erfüllen, ist es ferner nötig, durch den ganzen Wertverwirklichungszusammenhang hindurch jene apriorische fundamentale Wertbestimmtheit phänomenologisch aufzuweisen.

§ 13. ANALYSE DES WERTVERWIRKLICHUNGS-ZUSAMMENHANGES ALS SITTLICHEN WERTTRÄGERS

Gegen die Ansicht der formalen Gesinnungsethik Kants, es bestehe kein apriorischer Zusammenhang der Gesinnung (des Willens) mit Absicht, Vorsatz, Entschluß und Handlung hinsichtlich des sittlichen Wertes, deutet Scheler auf das apriorische einheitliche Verhältnis der axiologischen Determination durch den ganzen Wertverwirklichungszusammenhang sowie auf die streng integrierte und kontinuierliche Einheit der zu analysierenden Stufen von Willen bis zur Ausführung der Handlung hin.

Vorerst unterscheidet Scheler im allgemeinen innerhalb des Wertverwirklichungszusammenhanges folgende Bezugsglieder der Willenshandlung: 1. Die Gegenwart der "Situation" und den "Gegenstand" des Handelns; 2. den "Inhalt", der durch die Willenshandlung realisiert werden soll; 3. das "Wollen" dieses Inhalts und seine Stufen, die von "Gesinnung" durch "Absicht",

[27] *Formalismus*, S. 64.

"Überlegung", "Vorsatz" bis zum "Entschluß" führen; 4. die Gruppe der auf den Leib gerichteten Tätigkeiten, die zur Bewegung der Glieder führen (das "Tunwollen"); 5. die mit ihnen verknüpften Zustände von "Empfindungen" und "Gefühlen"; 6. die "erlebte Realisierung" des Inhalts im Tun selbst (die "Ausführung"); 7. die durch den realisierten Inhalt gesetzten "Zustände" und "Gefühle" [28].

Zunächst sind die Kausalfaktoren dieser Bezugsglieder in der Unterscheidung von der apriorischen Einheit des Wertrealisierungszusammenhanges sichtbar: so zeigen sich ohne weiteres Empfindungszustände und Gefühle der 5. und 7. Stufe als "Kausalfolge" bei der Durchführung der Willenshandlung und somit als jener apriorischen Einheit nicht zugehörig.

Nicht Kausalfolge, sondern gegenständlich bedingendes Bezugsglied dieses Wertverwirklichungszusammenhanges sind "Situation" und praktischer "Gegenstand", an denen der "Willensinhalt" zu realisieren ist, oder die den Vollzug eines bestimmten "Willensaktes" (und zwar stufenweise die Bildung einer "Absicht", die Setzung eines "Vorsatzes" usw.) sowie des "Tunwollens" bestimmen [29]. Insofern "Situation" und "Gegenstand" als die Werte des "praktischen Gegenstandes" erscheinen, also als die Werte, in die das Wollen eingreift, um seine Wertverhalte zu realisieren, ist diese "Welt" schon durch die diesem Wollen (der Gesinnung) zugrundeliegende Wertstruktur durchdrungen: "Sein Wollen bestimmter Wertverhalte und die 'Welt', an der er sie verwirklichen 'will', 'passen' darum immer im gewissen Sinne aufeinander", so behauptet Scheler, "da sie beiderseits von den in seiner 'Gesinnung' liegenden Wertqualitäten und ihrer 'Rangordnung' abhängen" [30]. In diesem Sinne sind "Situation" und "Gegenstand" von den apriorischen Wertmaterien und von der sie beherrschenden Vorzugsordnung der Gesinnung bedingt. Auf dieses Problem wird aber später in bezug auf die Frage nach dem "Tunwollen" zurückgegriffen.

Aus dem Gesagten ergibt sich die Frage nach dem Wollen und seinen Stufen im Wertrealisierungszusammenhang. Als Stufen des Wollens in diesem Zusammenhange unterscheidet Scheler

---

[28] *Formalismus*, S. 141.
[29] a.a.O., S. 152ff.
[30] a.a.O., S. 153ff.

"Gesinnung", "Absicht", ("Überlegung"), "Vorsatz" und "Entschluß" und stimmt mit Kant hinsichtlich der apriorischen Natur der sittlichen Werte und der unentbehrlichen Bedeutung der "Gesinnung" in der klaren Unterscheidung von "Absicht" und "Vorsatz" überein, wenn auch Scheler völlig anderer Auffassung von der "Gesinnung" ist [31]. Nach Scheler heißt Gesinnung die Gerichtetheit des Wollens auf den jeweilig als zur Realisierung gegebenen höheren (bzw. niedrigeren) Wert und seine Materie [32]. Sie besitzt einen bestimmten Grundwert, der seinem fundamentalen (bzw. apriorischen) Wesen nach völlig unabhängig, z.B. von dem Handlungserfolg sowie von Absicht (Überlegung), Vorsatz, Entschluß, Tunwollen und Handlung besteht. Unbestreitbar anerkannt ist bei der phänomenologischen Analyse Schelers die Tatsache, daß die Gesinnung die weitere Stufe des Wertverwirklichungszusammenhanges nicht eindeutig bestimmt. Dennoch sind diese allerdings nicht unabhängig von jenen, und zwar liegt die besondere Wertmaterie der Gesinnung dem jeweiligen möglichen Wertbestand von Absicht, Vorsatz, Entschluß und Handlung richtungweisend zugrunde [33]. Deshalb weist Scheler darauf hin, daß die Gesinnung gleichsam alle diese Stufen sogar bis zum Handlungserfolg mit ihrer Wertmaterie durchdringt. Die apriorisch gegebene fundamentale Wertmaterie sowie ihre Vorzugsordnung der Gesinnung einer bestimmten Person stellen einen solchen möglichen konstanten Werthorizont dar, nur innerhalb dessen der mögliche Aufbau verschiedener Absichten, Vorsätze (und sogar Träume und Wünsche) ermöglicht wird. Gegenüber der Unveränderlichkeit des fundamentalen Gesinnungs-Wertverhaltes sind die Bildungen jener Wertmaterien variabel, und diese Tatsache zeigt sich nach Scheler z.B. klar darin, daß die Gesinnung denjenigen wichtigen sittlichen Vorgang der Absichtsbildung, den Scheler "sittliche Überlegung" nennt, präskriptiv determiniert. Deren Wesen besteht in einem fühlenden Durchgehen und Durchprüfen möglicher Absichten und ihrer Werte [34]. Gegenüber dem Wechsel der Absichten bewahrt die Gesinnung normalerweise Dauer. Das schließt nicht aus, daß die Gesinnung doch eine Änderung erfährt. Diese Änderung findet nach Scheler

[31] *Formalismus*, S. 133.
[32] a.a.O., S. 153.
[33] a.a.O., S. 137.
[34] a.a.O., S. 135.

weder durch den Erfolg der Handlung auf Grund einer neuen Absichtsbildung, noch durch die sogenannte neue sittliche Erziehung statt [35]: "Vielmehr variiert die Gesinnung primär und unabhängig von allen Absichtsbildungen. Eine Gesinnungsänderung gibt daher dem ganzen Leben der Person eine neue Richtung, wie wir diese z.B. in allen Fällen sittlicher 'Bekehrung' sehen" [36]. Wie wir im späteren Zusammenhang mit dem Problem der sittlichen Person erörtern, ereignet sich die Änderung der Gesinnung meist durch die Entdeckung des für das individuale Wertwesen geeigneteren "Vorbildes", die nur durch den eigenartigen emotionalen Akt der Liebe ermöglicht wird.

Nach Scheler ist die Gesinnung eine anschaulich sich gebende Tatsache, die weder mit der "Disposition" noch mit dem "Charakter" zu verwechseln ist [37]. Wie an den "Ausdrucksphänomenen" (z.B. Lächeln" und "Gesten" im Gegensatz zu "willkürlichen Reden" und "Handeln"), sind die Gesinnung und ihr Wert an der Handlung auch anschaulich erkennbar. Insofern hat die Handlung nur "Symbolwert" für die Gesinnung. Dieser Symbolwert ist klar zu unterscheiden von dem eigenen sittlichen Wert, der der Handlung auch als dem eigentlichen Träger des sittlichen Wertes zukommt. Wie die Gesinnung Träger des sittlichen Wertes ist, so besitzen auch Absicht, Vorsatz, Entschluß und die Handlung einen solchen sittlichen "Eigenwert", der in der Gesinnung noch nicht enthalten ist [38]. Als Beispiel führt Scheler den Fall an, bei dem ein Gelähmter einen Ertrinkenden sieht und nur das Bestreben fühlt, ihn zu retten, und den anderen Fall, bei dem ein nicht Gelähmter dasselbe "will" und ihn wirklich herauszieht. Nach dem Deontologismus, wie z.B. bei der anerkannten Gesinnungsethik Kants, kann die sich in beiden Fällen bekundende Gesinnung dieselbe sein und besitzt dann den gleichen sittlichen Wert. Jedoch ist der Gelähmte überhaupt nicht in der Lage, den Tatbestand des "Tunwollens" zu erfüllen, weil bei ihm das "Tunkönnen" als Vorbedingung für das "Tunwollen" fehlt. Daher liegen in beiden Fällen nicht gleiche sittliche Wertbestände vor, wenn auch die Gesinnung in beiden Fällen sittlich gleich

---

[35] *Formalismus*, S. 136.
[36] ebenda.
[37] a.a.O., S. 137.
[38] a.a.O., S. 133, 134, 138.

wertvoll ist. Denn beim Fall des Gelähmten fehlt zunächst ein der Absicht zugehöriger sittlicher Wert, konsekutiv das Hinzutreten der Eigenwerte von Vorsatz, Entschluß und Tunwollen und Handlung [39]. In diesem Zusammenhang macht Scheler auf die Möglichkeit der Gesinnungstäuschung (wie bei anderer Werterkenntnis) aufmerksam, die von dem Gesichtspunkt des Deontologismus sicherlich nicht richtig beachtet wird: im Gegensatz zu einer täuschenden Vorspiegelung der Gesinnung "bewährt" sich nach Scheler eine echte Gesinnung erst in der Handlung [40].

Greifen wir nochmals auf das eben angegebene Beispiel mit besonderer Rücksicht auf den Zusammenhang des Wollens auf die Handlung durch die Vermittlung des "Tunwollens" zurück, so kommt der Gelähmte nicht in die Lage, die Rettung des Ertrinkenden wirklich zu wollen, weil die Bedingungen des "Tunkönnens" fehlen. Das Wollen bezieht sich ursprünglich realisierend auf den Inhalt des Willenszwecks und unterscheidet sich damit von "Aufstreben" sowie von "Wünschen", deren Intention gar nicht auf die Realisierung des Inhaltes selbst abzielt [41]. In diesem Sinne mag der eben genannte Gelähmte im höchsten Maß "wünschen", daß er in der Lage sein möge, die Rettung zu vollziehen, wenn er sie auch nicht tatsächlich wollen kann. So ist es der Fall des "Anwünschens", daß ein kleines Kind wirklich und ernst "will", daß jener Stern ihm vom Himmel in den Schoß falle, wobei zwischen dem Gewollten und seiner Verwirklichung ein Wesenszusammenhang als operativ bestehend geglaubt wird [42].

Das Wollen dieser Art ist von dem "Tunwollen" ganz zu unterscheiden. Das Tunwollen ist ein Wollen des Tuns und stellt bei der Willenshandlung in bezug auf die Wertrealisierung eine notwendige Bedingung (als einen Teil jener integrierten Einheit) für die Realisierung des Willensinhaltes durch Tun und Handlung dar. Mit anderen Worten wird ein als realeinsollend Gewolltes allein durch das reine Wollen nicht wirklich, sondern ist durch das

---

[39] *Formalismus*, S. 139.
[40] "'Die Bewährung' liegt vielmehr ganz zwischen Gesinnung und Handlung selbst in einem Tatbestande; d.h. die Handlung ist als gesinnungsbewährend in einem besonderen und praktischen Erfüllungserlebnis selbst erlebt... Erst in der Bewährung werden wir auch einer evidenten Gesinnung innerlich gewiss". *Formalismus*, 139f.
[41] a.a.O., S. 143, 146 u. 147.
[42] a.a.O., S. 143 u. 144.

daran unmittelbar angeschlossene Tunwollen in die Realisierung im Tun eingesetzt. Der Inhalt des ursprünglichen Wollens wird durch den eigenartigen phänomenologischen Tatbestand des Tunkönnens selegiert innerhalb des Tunlichen und zum Tunwollen vermittelt. Diese Bestimmung des Tunkönnens bezieht sich nicht positiv determinierend, sondern selektiv auf den ursprünglich gegebenen Willensinhalt; es macht, daß vieles ursprünglich Gewollte nicht mehr gewollt wird – und daß auf seine Realisierung verzichtet wird [43]. Infolgedessen ist es für das Tunwollen selbst noch determinierend. Wie oben gesagt, ist das Wollen des Sachverhaltes von dem Tunwollen zu unterscheiden und durchaus der primäre Inhalt des Wollens. Erst auf dieses Wollen des Sachverhaltes fundiert, knüpft sich daran die Intention des Tunwollens. Die Handlung im strengsten Sinne nennt Scheler das Erlebnis der Realisierung dieses Sachverhaltes im Tun [44]. Diese Erlebniseinheit der Ausführung im Tun ist nach Scheler von allen dazu gehörigen objektiven Kausal-Vorgängen sowie von den Folgen der Handlung völlig unabhängig.

Der Übergang von Tunwollen zum Handeln, wobei der im Wollen gegebene Sachverhalt unmittelbar in den Ausführungsinhalt des Tuns durch die Bewegungsintention umgesetzt wird, stellt eine streng kontinuierliche Einheit dar. Durch die detaillierte Analyse über die ganzen Stufen des Wertverwirklichungszusammenhanges versucht Scheler, die apriorische Wertbestimmtheit in der Realisierung des Wertverhaltes von dem zentralen Streben bis zur Ausführung der Handlung aufzuweisen. Damit bemüht sich Scheler einerseits von der sehr engen Auffassung von Gesinnung und Willen in dem Kantischen Deontologismus durch die Ausweisung der kontinuierlichen Zusammengehörigkeit der Wertrealisierungsstufen und der durch sie durchdringenden Einheit des apriorischen Wertverhaltes zu befreien. Andererseits vermeidet er durch die Analyse des Verhältnisses vom Willensinhalt bis zum Ausführungsinhalt in der Handlung die dem Teleologismus wesenhaft anhaftende Gefahr, die sittlichen Werte auf den aposteriorischen "Ursprung" der Handlungsfolge zurückzuführen. Trotz der Mitbestimmung von Erfahrungsmomenten bleibt der Wertverwirklichungszusammenhang innerhalb der apriorischen konti-

---

[43] *Formalismus*, S. 145.
[44] a.a.O., S. 147.

nuierlichen Wertbedingungseinheit und bietet damit ein apriorisch-teleologisches Kriterium für das sittlich rechte Handeln dar.

§ 14. SOLLEN UND WERT: WERTPHÄNOMENOLOGISCHE EXPLIKATION DES SITTLICHEN SOLLENS

Wir haben absichtlich im Kontext der formalen Wesenszusammenhänge diejenigen Wesenszusammenhänge, die zwischen Wert und idealem Sollen bestehen, nur vorgelegt und nicht erörtert [45]. Hier ist der Ort, uns systematisch mit dem Problem dieses Verhältnisses auseinanderzusetzen, und dazu greifen wir auf diese formalen Grundsätze als Ansatzpunkt für unsere Untersuchungen von Wert und Sollen zurück.

Nach Scheler gründen diese formalen Wesenszusammenhänge allein im Wesen der Werte als solchen, die lauten: "Daß alles Sollen in Werten fundiert sein muß, d.h. nur Werte sein sollen und nicht sein sollen, sowie die Sätze, daß positive Werte sein sollen und negative nicht sein sollen" [46]. Vor allem tritt somit deutlich hervor, daß der Inhalt des Gesollten einzig und allein Wertmaterie sein muß, wenn auch dieser Inhalt als "Absichtsinhalt" z.B. schon "bildmäßig" mitbestimmt wäre. Damit deutet Scheler auf die apriorische Zusammengehörigkeit von Wert und Sollen hin und hebt auf Grund dessen die dem Dingphänomen gleichursprüngliche, in sich geschlossene Eigenständigkeit des Wertphänomens und des Phänomens des Sollens hervor.

Wie aus diesem apriorisch erfaßten ersten Prinzip zu ersehen ist, lehnt Scheler solchen Versuch ab, ein Werturteil auf ein Sollensurteil zurückzuführen und damit das Wertphänomen durch das Phänomen des Sollens zu erklären. Diese Unreduzierbarkeit erweist sich nach Scheler zunächst darin, daß der Bereich des Werturteils einen weit größeren Umfang hat, als der des Sollensurteils; z.B., daß ein Naturobjekt – wie ein Berg – "schön" sein "soll", ist an sich nach Scheler unsinnig: das gilt vor allem für alle ästhetischen Wertprädikate von Naturgegenständlichkeiten [47].

---

[45] Vgl. S. 81 dieser Arbeit.
[46] *Formalismus*, S. 102.
[47] *Formalismus*, S. 199. Der Fundierungszusammenhang des Sollen-Satzes mit dem Wertprädikate enthaltenden Satz selbst zeigt sich beim näheren Besehen jedoch nicht so deutlich und einfach, wie Scheler hier behauptet. Denn die "strenge Parallelität",

Denn nach Schelers Auffassung weist das Verhältnis des Wertes und des Sollens zum Sein auf ihre Verschiedenheit deutlich hin: seinem (irrealen) Wesen nach sind dem Wert als solchem Existenz prinzipiell gleichgültig, und der Bereich des Wertes umfaßt nicht nur "Existierendes", sondern auch "Nichtexistierendes und enthält sogar den "Übergang" von Nichtexistenz (des Wertes) zu (seiner) Existenz (d.h. den Wert des Idealseinsollens selbst)[48]. Das ideale Sollen aber ist nicht ebenso indifferent gegen das (mögliche) Sein und Nichtsein seines Inhaltes wie der Wert. Das Sollen beschränkt sich auf existierende und nicht existierende Inhalte, und zwar geht es auf ein solches Übergangsverhältnis des Wertes zur Realität zurück [49]. Deshalb ist alles Sollen wesensmäßig ohne weiteres ein Sein-sollen [50]. Mit anderen Worten muß der Inhalt des Sollens zunächst nicht in der Gegebenheitsweise als existierend erfaßt werden, solange es gesollt gegeben ist [51].

Keineswegs besteht nach Scheler der Wert in dem Gesolltsein von etwas, sondern das Sollen beruht auf dem Wert. Genau gesagt ist das Nichtsein des Wertes, der idealiter sein soll, bei allen Seinsollensätzen vorausgesetzt [52]. Der Sollen enthaltende Satz: "Der positive Wert soll sein" bezieht sich deshalb intentional auf den Tatbestand, worin erst unter der Voraussetzung der Nichtexistenz des positiven Wertes die Forderung nach der Existenz dieses Wertes ergeht. Darum behauptet Scheler: "Alles Sollen (nicht etwa nur das Nichtseinsollen) ist daher darauf gerichtet, Unwerte auszuschließen; nicht aber, positive Werte zu setzen"[53]. Wie wir häufig sagen: "So ist es und soll es sein", so haben wir dabei zwei voneinander zu unterscheidende Akte, durch welche sich die objektive Adäquation eines "Gesollten" mit einem Existierenden herausstellt. Der Begriff "Rechtsein" ergibt sich daher aus dieser Übereinstimmung des (ideal) gesollten Wertes mit

---

die Scheler zwischen "Wertprädikaten" und "Prädikaten der dinghaften Qualitäten" feststellt, betrifft nur einseitig den "deskriptiven Sinn" jener Wertprädikate, der unverfehlt von ihrem "präskriptiven Sinne" zu unterscheiden ist. Ferner ist doch noch zu fragen, ob das oben genannte Umfangreichersein des Wertphänomens, wenn der Wertbereich überhaupt umfangreicher als der Sollensbereich wäre, diese Unreduzierbarkeit begründen kann.
[48] *Formalismus*, S. 201, 221.
[49] ebenda.
[50] a.a.O., S. 221.
[51] a.a.O., S. 201 u. 222.
[52] a.a.O., S. 200ff.
[53] a.a.O., S. 223.

seiner Existenz [54]. Sodann entstehen die Zusammenhänge, die für das mögliche Verhältnis des "Seins" und des "idealen Sollens" apriori gelten und deren Beziehung zum Rechtsein und Unrechtsein regeln:

"So ist alles Sein eines (positiv) Gesollten recht;
alles Sein eines Nicht-Seinsollenden unrecht;
alles Nicht-Sein eines Gesollten unrecht;
alles Nichtsein eines nicht Gesollten aber recht" [55].

Innerhalb des Phänomens des "Sollens" unterscheidet Scheler sachgemäß das "ideale Sollen" von dem "normativen Sollen". Es liegt also das "ideale Sollen" dem "normativen Sollen" zugrunde, und zwar so, daß das "ideale Sollen" ein "normatives Sollen" heißt, wenn es auf den bestimmten wertrealisierenden Akt (den Willen), sei es im allgemeinen, sei es im Hinblick auf ein bestimmtes Individuum, bezogen ist. Bezüglich des Verhältnisses zum Wertverhalt gründet das "ideale Sollen" in dem Übergang von Nichtexistenz des gesollten Wertes zu seiner Existenz und ist auf ein mögliches Realsein dieses Wertes hin bezogen. Dagegen ist das "normative Sollen" schließlich nur auf nichtexistierenden Werten fundiert und ist in einem bestimmten Wollen als realseinsollend gegeben.

Auf Grund der Untersuchung des Sollens im Verhältnis zu Wert und Existenz geht Scheler zur Analyse des Problems der "Pflicht", des "sittlichen Imperativs" oder des "normativen Sollens" selbst über. Alle "sittlichen Normen", "sittlichen Forderungen", "Pflichten" und "sittlichen Imperative" sind nach Scheler auf das sogenannte "normative Sollen" zurückzuführen. Wie schon gesagt, setzt das normative Sollen insofern das Idealseinsollen voraus, als der Inhalt des Idealseinsollens immer als auf mögliches Wollen bezogen erlebt ist. Das normative Sollen ist also die Forderung, die von dem idealen Sollensinhalt an ein Streben, d.h. an einen den gesollten Wertverhalt realisierenden Akt ergeht [56]. Deshalb ist nicht nur möglich zu fragen: "Warum soll ich tun, was sein soll?", sondern auch die Antwort auf die Frage ergibt sich aus der Tatsache, daß ein Idealseinsollen,

---

[54] *Formalismus*, S. 223.
[55] a.a.O., S. 102.
[56] a.a.O., S. 212.

wie "Gut soll sein", zur Forderung wird, indem sein Inhalt zugleich in Hinsicht auf seine mögliche Realisierung durch ein Streben gegeben wird: das bedeutet, "daß es auch für das Sein eines bestimmten Strebens und Willens noch ein ideales Sollen gibt" [57]. Dazu nämlich setzt diese Forderung, die an den Willen ergeht, das innere Kommando der Verpflichtung oder solche "von außen kommenden Akte", wie z.B. "Befehl", voraus [58].

Wie schon im Hinblick auf das ideale Sollen hervorgehoben, liegt immer der Wertverhalt auch notwendigerweise dem normativen Sollen zugrunde, und zwar handelt es sich beim normativen Sollen ursprünglich niemals um die Angabe der Existenz des positiven Wertes, sondern nur um die Angabe seiner Nichtexistenz. Denn es ist tatsächlich die unentbehrliche Vorbedingung für das normative Sollen, daß in der Wirklichkeit gerade der zu realisierende Wert nicht vorhanden ist, wenn auch zunächst dieser Wert doch mit Einsicht voraus erblickt sein muß.

Damit das normative Sollen zum Tunwollen wird bzw. sich auf einen bestimmten Akt des Tuns in der Handlung bezieht, liegt ferner diesem normativen Sollen (dem "sittlichen Imperativ", der "Pflicht") stets ein (ideales) Nichtseinsollen eines gegenteiligen Strebens (d.h. der Neigung) zugrunde [59]. Zusammengefaßt soll der Vollzug des normativen Sollens (1) die Einsicht in den zu realisierenden (positiven) Wert, wenn er überhaupt recht ist, (2) die Nichtexistenz dieses Wertes in der Realität, (3) das Vorhandensein einer Abneigung oder Widerstrebung gegen den in diesem normativen Sollen miteingeschlossenen Willen voraussetzen. Dieser sittliche Tatbestand ist immer wieder

---

[57] *Formalismus*, S. 225.
[58] Der Befehl ist niemals eine "bloße Mitteilung", sondern die die "Willens- (und Macht-) Sphäre" des anderen unmittelbar angehende Kundgabe des Willens des Anredenden zur bestimmten Handlung. Davon unterscheidet Scheler den "pädagogischer Befehl" als "Scheinbefehl", dem in Wirklichkeit ein Ratgeben zugrundeliegt. Das Wesen des Rates ist nach Scheler folgendermaßen am besten ausgedrückt: "Es ist für dich das Beste, wenn du das tust, und ich will, daß du das Beste für dich tust". Vgl. a.a.O., S. 219. Diese "Besonderheit" des Wollens, auf welches sich der Rat bezieht, und die Mittelbarkeit des Willensbezugs auf das Angeforderte unterscheiden den Rat vom Befehl. Vom Rat (der ein Willensausdruck ist) ist verschieden die "Beratung", die "Beihilfe" zur Erkenntnis dessen, was sein soll und was nicht sein soll. "Empfehlung" heißt nur die bloße Mitteilung darüber, was man als seinsollend für den anderen hält. Dagegen ist der bloße "Vorschlag" nach Scheler nur auf die "Technik der Verwirklichung des Seinsollens" bezogen. Vgl. a.a.O., S. 218ff. u. 225.
[59] a.a.O., S. 225 u. 226.

darin deutlich festzustellen, daß geschichtlich gesehen, fast ausnahmslos sittliche Verbote immer vor sittlichen Geboten in Erscheinung treten. Daraus ist ersichtlich, daß jedes sittliche Gebot (bzw. aller sittliche Imperativ) als sittliches Sollen nur dann fungiert (als Surrogat des sittlichen Tunwollens), wenn das Einsehen des zurealisierenden Wertes noch völlig fehlt und der Inhalt des Gebotes als ein Idealseinsollendes gegeben ist und schließlich eine Strebungstendenz oder Neigung dazu vorliegt, was aber diesem Idealseinsollenden gegenübersteht [60].

Alles normative Sollen ist erst dann berechtigtes sittliches Sollen, wenn es zunächst auf ein Idealseinsollen und dann auf die unmittelbare Gegebenheit des darin intendierten Wertes zurückgeht. Deshalb nennt Scheler den Imperativ oder das normative Sollen ein Surrogat für die sittliche Einsicht in die Wertbestände, wobei diese völlig fehlt und allein das Zwangsbewußtsein der Forderung vorhanden ist.

Die bisher ausgeführte Analyse über die Zusammenhänge zwischen Wert und Sollen (insbesondere "normatives Sollen" oder "Gebot") haben eine entscheidende Bedeutung für die Grundlegung der Ethik zur Folge.

Wenn der sittliche Imperativ, wenn das normative Sollen auf das Idealseinsollen zurückgeht und das Streben (bzw. der Wille) auf den apriorischen Wertverhalt und dementsprechend auf reinem einsichtigem Wertfühlen fundiert ist, und schließlich daraus sich unmittelbar "Tunwollen" ergibt, wie auch Nietzsche meint, dann handelt es sich bei dem Problem der Grundlegung der philosophischen Ethik zunächst um die Wertverwirklichung und damit reduktiv um die objektive Werterkenntnis sowie um ihr intentionales Korrelat und die apriorische Rangordnung der Werte.

Wenn diese Problematik phänomenologisch als den "Sachen selbst" gemäß sich erweisen könnte, würden wir in der Lage sein, Schelers Versuch der Grundlegung der Ethik als völlig sachgerecht auf der Basis der Wertphänomenologie zu gründen.

Durch unsere ganzen Untersuchungen haben wir bisher absichtlich vom Problem der Person und ihrer Erörterungen bei Scheler

[60] *Formalismus*, S. 228.

abgesehen. Der Grund dafür besteht einerseits darin, daß sein Begriff der Person zunächst völlig operativ gebraucht wurde, wobei für die Problematik von sittlich Gut und Böse die "Person" unentbehrlich im Zentrum steht. Wie schon hervorgehoben wurde, bezog sich andererseits unsere thematische Frage auf die systematische Enthüllung der Möglichkeitsbedingungen für die philosophische Ethik von der Grundlage der Wertphänomenologie her. Erst auf Grund dieser versucht Scheler, einen Möglichkeitshinweis auf den sittlichen Personalismus zu entwickeln. Die Bedeutsamkeit der Person in seinem "Formalismus" ist doch deutlich daraus zu ersehen, daß Scheler dieses Werk auch als "Neuen Versuch der Grundlegung eines ethischen Personalismus" bezeichnet. Unverkennbar ist allerdings nicht nur, daß seine wertphänomenologischen Analysen und sein Gebrauch des Begriffes der "Person" verschmolzen sind, sondern auch, daß er sich bemüht, diesbezüglich dieses Problem phänomenologisch weiter durchzuführen. Daraus ergeben sich einige unleugbare Einsichten in die "Tatsachen", die philosophiegeschichtlich entscheidenden Einfluß geübt haben [61].

Aus dem Gesagten tritt die Rechtfertigung dafür deutlich hervor, daß wir das Problem von "Person" und "Vorbild" zum Anlaß unserer kritischen Auseinandersetzungen mit Scheler nehmen.

§ 15. PERSON UND VORBILD

Wenn Scheler auch das Schwergewicht nicht nur durch den Unterschied seines "Formalismus", sondern auch durch die Quantität seiner Erörterungen (die 216 Seiten von den 596 Seiten umfassen) auf den Begriff der "Person" in der Ethik legen wollte, taucht dieser Begriff erst auf Seite 50 als der eigentliche Träger von sittlichen Werten von "Gut" und "Böse" (im schärfsten Unterschiede von "Sachen") auf [62], und Scheler bestimmt sie als die unobjektivierbare, konkrete Einheit aller möglichen

---

[61] Es ist ohne Zweifel undenkbar, daß z.B. Heideggers "Sein und Zeit" und insbesondere Merleau-Pontys "La Structure du comportement" sowie dessen "Phénoménologie de la perception" ohne Einfluß durch Schelers phänomenologische Analyse im IV. Teil des "Formalismus" zustande gekommen wären.
[62] *Formalismus*, S. 50 u. 51.

intentionalen Akte, die nur im Vollzug ihrer Akte existiert [63]. Wie schon oft erwiesen, steht Schelers Begriff "Person" in der Spannung zwischen Kant und Nietzsche [64] und weist ferner reduktiv auf das gestraffte Verhältnis zwischen dem Personbegriff der judeochristlichen Ethik und dem der philosophischen Konzeption Nietzsches hin. Trotz dieses Tatbestandes versucht Scheler die Person auf Grund des intentionalen Bewußtseins zu definieren: "Person ist die konkrete, selbst wesenhafte Seinseinheit von Akten verschiedenartigen Wesens, die an sich (nicht also πρὸς ἡμᾶς) allen wesenhaften Aktdifferenzen vorhergeht. Das Sein der Person fundiert alle wesenhaft verschiedenen Akte" [65]. Wie seinem Wesen nach ein Akt niemals selbst Gegenstand wird, behauptet Scheler, so ist es auch niemals die Person. "Die einzige und ausschließliche Art ihrer Gegebenheit ist vielmehr allein ihr Aktvollzug selbst (auch noch der Aktvollzug ihrer Reflexion auf ihre Akte) – ihr Aktvollzug, in dem lebend sie gleichzeitig sich erlebt" [66].

Das intentionale Korrelat der Person heißt nach Scheler die "Welt" [67]: wenn die Person endlich ist, sei es individual, sei es kollektiv, gemeinschaftlich gesehen, dann wird sie "Mikrokosmos" genannt, falls sie unendliches Wesen, d.h. Gott ist, dann wird sie hingegen als "Makrokosmos" von Scheler gekennzeichnet [68]. Die Welt ist keine Idee im Kantischen Sinne, sondern ist auch für Scheler unmittelbar phänomenologisch gegeben [69].

Von solch allgemeiner "phänomenologischer" Auffassung der "Person" ist das Wesen der "sittlichen Person" in mehreren Hinsichten scharf abzugrenzen.

Nach Scheler ist z.B. zunächst die Person im sittlichen

---

[63] *Formalismus*, S. 51.
[64] a.a.O., S. 507 z.B.; vgl. auch Altmann, *Wesen, Wert, Person*, Einleitung.
[65] a.a.O., S. 393.
[66] a.a.O., S. 403; auch vgl. Husserl, *Cart. Med.*, § 31; Funke, *Zur transzendentalen Phänomenologie*, S. 12ff. u. 84. Vom Gegensatz zwischen Person und Welt unterscheiden sich Leib und Umwelt, Ich und Außenwelt, Körperleib und toter Körper und "Seele und leiblich". Vgl. *Formalismus* S. 164 u. 408ff. Diese phänomenologischen Unterscheidungen von intentionalen Zusammengehörigkeiten sind streng von "physischen" und "psychischen" zu trennen. Vgl. a.a.O., S. 413ff. Auf nähere Erörterungen der eingehenden phänomenologischen Analyse Schelers über den Zusammenhang der Person mit anderen phänomenologischen Tatbeständen, die von höchster Bedeutung sind, müssen wir in diesem Zusammenhang leider verzichten.
[67] *Formalismus*, S. 403.
[68] a.a.O., S. 406ff.
[69] a.a.O., S. 404.

Sinne "vollsinnig" im Gegensatz zum Wahnsinn. Dieser Tatbestand ist nach Scheler streng phänomenologisch zu verstehen, indem solche Vollsinnigkeit da gegeben ist, wo wir die Lebensäußerungen eines Menschen ohne weiteres zu "verstehen" suchen, im Unterschied zu dem Versuch der Kausalerklärung [70]. "Verstehen" heißt in diesem Fall nach Scheler ein Nachvollziehen eines intentionalen Aktes aus dem ihm zugleich in der Anschauung mitgegebenen Aktzentrum, d.h. aus der Person [71]. Damit ist gesagt, daß Person vor allem als Vollzieher intentionaler Akte gegeben und damit auch immer die Einheit eines Sinnes verbunden ist. Im Unterschiede zu anderen Aspekten des Geistigen (auch im nicht-sittlichen Sinne) ist von einer sittlichen Person erst die Rede auf einer gewissen Entwicklungsstufe, d.h. "Mündigkeit", die auch im streng phänomenologischen Sinne zu verstehen ist: "Das Grundphänomen der Mündigkeit besteht im Erlebenkönnen einer unmittelbar im Erleben jedes Erlebnisses selbst schon gegebenen (also nicht erst auf dessen Inhalt gegründeten) Verschiedenheitseinsicht eines eigenen und fremden Aktes, Wollens, Fühlens, Denkens..."[72]. "Unmündig" ist man nach Scheler, solange man die Erlebnisintention seiner Umwelt, ohne das echte Verstehenkönnen, einfach mitvollzieht und einem Willen nachfolgt, ohne ihn als den einer von ihm selbst verschiedenen Person unterscheiden zu können [73].

Als das dritte wesentliche Merkmal der Person im sittlichen Sinne hebt Scheler die unmittelbare Herrschaft über den eigenen Leib heraus. Person ist nach Scheler dann und nur dann gegeben, wenn ein Tunkönnen als phänomenologischer Tatbestand (durch den Leib hindurch) vorliegt und es tatsächlich allem möglichen faktischen Tun vorangeht [74]. Damit erklärt Scheler, warum z.B. der "Sklave" nicht als Person im strengen Sinne gilt, sondern als "Eigentum", dessen "Vernichtung" folglich nicht als Mord angesehen wurde. Weil er personlos war, konnte der Sklave aber z.B. nicht "geliebt" werden, sondern nur "genossen" und "gebraucht" [75]. Also in der phänomenologisch unmittelbaren

---

[70] *Formalismus*, S. 482.
[71] a.a.O., S. 482f.
[72] a.a.O., S. 484f.
[73] a.a.O., S. 484 u. 485.
[74] a.a.O., S. 485.
[75] a.a.O., S. 486.

Kontinuität zwischen Wollen und Tunkönnen besteht das Wesen dieser Herrschaft, welche prinzipiell von den Leibzuständen unabhängig sein soll. Nicht unser Wille "ist im Herrn", wie beim Sklaven, sondern "der Herr ist die Person", sei sie endlich, sei sie unendlich. Hier sieht man die Schelersche Synthese zwischen dem christlichen Personalismus in der Ethik und der Herrenmoral Nietzsches.

Nach Scheler ist die Idee der Person von Ich, Beseeltheit und analogen Konzeptionen sowie von dem Charakter zu scheiden [76]. Unter "Charakter" versteht Scheler sowohl geistige als auch körperliche "Anlage", die wiederum auf hypothetische Dispositionen zurückgeführt werden müßte [77]. Nach Schelers Ansicht ist "Charakter" kein phänomenologischer Bestand, sondern etwas Hypothetisches. Hingegen ist die Person nach Scheler im Vollzug intentionaler Akte als konkrete Einheit dieser unmittelbar erlebt [78].

Person ist also Träger von sittlichen Werten und Urheber ihrer Verwirklichung. Durch den Vollzug des Wertverwirklichungszusammenhanges erfährt die Person in der Handlung die Wirklichkeit unmittelbar als "Widerstand", sei es die Innen-, sei es die Außenwelt [79]. Korrelativ dazu erfährt man damit auch das, was durch Tunkönnen "tunlich" ist. Dieser Gedanke Schelers, die Wirklichkeit als Widerstand zu erfahren, entwickelt sich in seiner späteren Philosophie weiter in Parallele zu dem Gedanken von "Geist" und "Drang". Damit ist ferner herausgestellt, daß der Person z.B. keine "psychiatrischen, seelischen" Prädikate oder Beschaffenheiten zugeschrieben werden dürfen. Person ist sittlich "gut" oder "böse", kann aber weder seelisch "krankhaft" noch "gesund" sein [80].

Daraus geht der Unterschied zwischen der "Zurechenbarkeit" der Handlung und der "Verantwortlichkeit" der Person hervor; während die Handlung eines Subjekts zurechenbar ist, kann die Person nur sittlich verantwortlich sein: "Aufhebung der Zurechnungsfähigkeit besagt nur, daß die Wirksamkeit der 'Motive' von der normalen Wirksamkeit solcher abweicht und daß

---

[76] *Formalismus*, S. 487.
[77] a.a.O., S. 489ff.
[78] a.a.O., S. 397 u. 488.
[79] a.a.O., S. 156ff. u. 488.
[80] a.a.O., S. 490 u. 492.

es daher unmöglich ist, erkennend zu entscheiden, ob eine gegebene Handlung eines Menschen der Person, diesem Menschen zugehöre oder nicht. Dagegen besteht eine Aufhebung der Verantwortlichkeit der Person im strengen Sinne überhaupt nicht" [82]. Für alle seine wahrhaft persönlichen Akte ist der Mensch immer verantwortlich, darum setzt "Zurechnungsfähigkeit" Verantwortlichkeit voraus [82]. Das Erlebnis der Person von der Verantwortlichkeit für ihre Akte im allgemeinen besteht nach Scheler allein in unmittelbarer Reflexion auf ihre Selbsttäterschaft im Vollzug ihrer Akte [83]. Aus der Erkenntnis dieser und deren sittlicher Wertrelevanz ergibt sich die sittliche Verantwortlichkeit. In diesem Zusammenhang müßte bei Scheler das Problem der "Freiheit der Person" zur ausführlichen Erörterung kommen [84]. Zwar setzt Selbstverantwortlichkeit einer Person die Freiheit ihrer Täterschaft im Vollzug ihrer Akte zunächst voraus. Wie schon in unserem früheren Zusammenhang in Frage gestellt wurde [85], besitzt aber der Freiheitsbegriff eine geringe Bedeutung bei der Durchführung der Grundlegung zur Ethik Max Schelers. Denn Scheler betont einerseits z.B. den "Automatismus" des Strebens, sodaß beim Menschen hochstehender sittlicher Natur bereits "das unwillkürliche automatische Auftreten seiner Strebungen und der materialen Werte, auf welche diese "zielen", in einer Ordnung des Vorzugs erfolgt" [86]. Andererseits lehnt Scheler die Autonomie der Person im Kantischen Sinne als "irreführend" und "unzweckmäßig" ab [87] und sieht die Autonomie, sei es die der persönlichen Einsicht in die sittlichen Werte, sei es die des persönlichen Wollens, lediglich als die Voraussetzung der sittlichen Relevanz der Person und ihrer Akte an [88]. Von größter Bedeutung für die Besinnung Schelers auf das Grundlegungsproblem ist, daß Scheler, obwohl er die Objektivität und Apriorität von Wertphänomen

[81] *Formalismus*, S. 491.
[82] a.a.O., S. 491.
[83] a.a.O., S. 492.
[84] a.a.O., S. 489. Das Freiheitsproblem ist ganz kurz erwähnt im Zusammenhang mit der Charakterkausalität für die Kritik an Theo. Lipps hier.
[85] Vgl. S. 102f dieser Arbeit.
[86] a.a.O., S. 64.
[87] Kants Terminologie schließt Schelers bedeutsames Prinzip der "Solidarität" aus, das der sittlichen Gemeinschaft zugrundeliegt und eine entscheidende Entwicklung in seiner Philosophie zur Folge hat. a.a.O., S. 501.
[88] *Formalismus*, S. 499, 504, 505.

und Phänomen der Sittlichkeit in der Grundlegung der Ethik betont, gleichwohl ergiebige Einsicht in die Geschichtlichkeit und Faktizität des axiologischen und sittlichen Tatbestandes im Zusammenhang mit dem "Wertuniversalismus" und dem "Wertindividualismus" der Person verlangt. Und zwar stellt nach Scheler "jeder Lebensmoment einer individualen Entwicklungsreihe zugleich die Erkenntnismöglichkeit für ganz bestimmte und einmalige Werte und Wertzusammenhänge dar, entsprechend dieser aber die Nötigung zu sittlichen Aufgaben und Handlungen, die sich niemals wiederholen können und die im objektiven Nexus der an sich bestehenden sittlichen Wertordnung für diesen Moment (und etwa für dieses Individuum) gleichsam prädeterminiert sind und die, ungenützt, notwendig für ewig verloren gehen" [89]. Die einmalige Zeitigung der Werterkenntnisse und ihre Verwirklichung (bei der konkreten, geschichtlichen Person) sieht Scheler im Zusammenhang mit ihrem "individuellen Wertwesen" letztlich als nicht frei an, sondern als judeo-christlich eschatologisch "prädeterminiert"! Aus dem oben Hervorgehobenen geht deutlich ersichtlich Schelers verborgene Tendenz zum Determinismus in der Ethik hervor.

Dieses "individuale Wertwesen" einer faktisch-geschichtlichen Person bezeichnet Scheler als ihr "persönliches Heil" [90]. Die Erkenntnis von ihr ist zugänglich allein durch das in echter Liebe fundierte volle Verstehen dieser Person. Dieses Erblicken des Wesenswertes einer Person ist nach Scheler evidente Erkenntnis eines "An-sich-Guten" für diese bestimmte Person. Solch anschaulich gegebenes konkretes "Wertidealbild" der Person ergibt sich nach Scheler nur aus der "Zusammenschau der zeitlich allgemeingültigen Werte mit den 'historischen' konkreten Situationswerten, die Haltung also gleichzeitiger fortwährender Überschau über das Ganze des Lebens und das feine Gehör für die ganz einzigartige 'Forderung der Stunde' ..." [91].

Die konkrete Mannigfaltigkeit und Fülle der geschichtlich gegebenen Moralen und Kulturen folgt notwendigerweise aus einer Synthesis der Person zwischen den sittlichen Wesenswerten und den ihnen entsprechenden geschichtlich zeitigenden Aufgaben,

---

[89] *Formalismus*, S. 498.
[90] ebenda.
[91] a.a.O., S. 498; vgl. S. 494 u. 497.

die in der gemeinhin faktischen Gegebenheit nur durch den persönlichen Akt des "lebendigen Geistes" unmittelbar zu erfassen und zu verwirklichen sind [92]. Da die faktische Realisierung der Werte und Wertverhalte zum Wesen von apriorischen Wertwesenheiten gehört, verlangt der Bestand der historisch gegebenen Mannigfaltigkeit der Moralen und Kulturen nach Scheler dennoch die notwendige Forderung der Objektivität der sittlichen Werte: "So ist doch die "Geschichtlichkeit' ihrer Erfassung (und der Erkenntnis ihrer Rangordnung und Vorzugsgesetze) ihnen selbst ebenso wesentlich wie die Geschichtlichkeit ihrer Realisierung oder ihre Realisierung in einer möglichen Geschichte" [93]. Scheler unterscheidet somit die schlechthin allgemeingültigen Werte und Vorzüge von denjenigen, die nur auf die individuale Person und "auf sie von Haus aus abgestimmt" sind und eine damit nur durch sie realisierbare Ethik als philosophische Disziplin. Eine Ethik, die sich nur mit den allgemeingültigen Werten und Vorzügen zu beschäftigen hat, kann wesentlich nie die sittlichen Werte erschöpfen: "Niemals also kann Ethik, niemals soll sie das individuelle Gewissen ersetzen" [94].

Aus dem oben Gesagten ergibt sich das Erfordernis, daß auf eine apriorische Weise nach Scheler bestimmte qualitative Typen der höchstwertigen und positiven Person im Sinne des individualen Wertwesens zu unterscheiden und festzustellen sind, die er terminologisch "Vorbilder" nennt [95] und für die Wandlung und Entwicklung der sittlichen Werte der Person eine bedingende Rolle spielen. Das "Vorbild", das in einem einsichtigen Personwert gründet, geht zunächst auf ein Sein, nicht auf ein bloßes Tun zurück, auf welches sich die Norm bezieht: "Wer ein Vorbild hat, tendiert, seinem Vorbild ähnlich oder gleich zu werden" [96]. Die Akte, in denen etwas zum Vorbild wird, beruhen auf Akten des Werterkennens (bzw. Fühlen, Vorziehen, Lieben und Hassen), aber nicht auf Willens- oder Strebensakten. Alle Strebens- und Wollensakte setzen nach Scheler vielmehr den Vorbildgehalt schon voraus und sind von der Liebe zu seinem Gegenstande bereits fundiert: "Wir folgen strebend und wollend der Person, die

---

[92] *Formalismus*, S. 498; vgl. auch v. Rintelen, *Die Philosophie des lebendigen Geistes*.
[93] *Formalismus*, S. 499.
[94] a.a.O., S. 574.
[95] a.a.O., S. 574.
[96] ebenda.

wir lieben" [97]. Streng zu unterscheiden sind die Akte, in denen "Vorbild" und "Folge" erlebt sind, von der "Nachahmung" (oder dem "Kopieren"). "Nicht etwa durch Nachahmung einer Person entspringt ihre Vorbildhaftigkeit... In der Herde und Masse gibt es Leittiere, nicht aber Vorbilder" [98]. Denn das Vorbild setzt immer eine einsichtige Erkenntnis des Wertverhaltes in der Form der Personeinheit voraus. "Imitatio Christi" z.B. heißt keineswegs wertblinde Nachahmung, sondern das werteinsichtige Nachfolgen und Nachvollziehen des vorbildhaften persönlichen Wertwesens.

Das Vorbild ist nach Scheler also "ein strukturierter Wertverhalt in der Einheitsform der Personeinheit, eine strukturierte Sowertigkeit in Personform, der Vorbildhaftigkeit des Gehalts nach, aber die Einheit einer Sollseinsforderung, die auf diesem Gehalt fundiert ist" [99].

In der Intention ist die als Vorbild fungierende Person, an der das Vorbild uns zuallererst zur Gegebenheit kommt, notwendig immer "gut" (im Falle des Gegenbildes immer "böse") [100]. Nach Scheler ist es per Definition ausgeschlossen, eine Person, die auch als böse gegeben ist, gleichwohl als Vorbildexemplar zu fassen, wobei natürlich die Möglichkeit besteht, daß wir uns täuschen und unserem (schlechten) "Vorbild" folgen: "Das Vorbild ist also nur dann gut, wenn in ihm die Rangordnung der reinen Vorbildmodelle erhalten ist": Es ist dann "richtig", wenn die Person nach den apriorischen Vorzugsregeln als Exemplar vorzuziehen ist [101]. Sind als phänomenologische Bestände nach Scheler die reinen Wertpersonentypen und deren Rangordnung festzustellen, so ergeben sich als oberste Typen und Modelle aller positiven und guten Vorbilder die Typen des Heiligen, des Genius, des Helden, des führenden Geistes und des Künstlers des Genusses in der Rangordnung dieser Reihenfolge [102]. Sie sind Ideen von wahren Wertpersonen, und der Wert einer bestimmten Rangstufe füllt hier die Formeinheit der Personalität primär als ihr Wertwesen aus: er konstituiert die Einheit des Typus und

---
[97] *Formalismus*, S. 579.
[98] ebenda.
[99] ebenda.
[100] a.a.O., S. 584.
[101] a.a.O., S. 585.
[102] a.a.O., S. 585.

keineswegs bloß Merkmale oder Eigenschaften einer Persongruppe. Folglich sind auch diese Wertpersontypen niemals aus einer historisch faktischen Person so hypostasiert zu ersehen, daß sie selbst mit ihrem bloßen Exemplar verwechselt werden [103].

Da diese Typen und Modelle immer Vorbilder für die endliche Person sind, kann die Idee Gottes gleich jenen Persontypen **nicht** als ein Vorbild fungieren. Nach Scheler aber "drückt die Wesensgüte Gottes eine Idee aus, in der die allgemeingültigen **Wertpersontypen** selbst (aber nicht "als" Vorbilder) in unendlicher Vollkommenheit in ihrer Rangordnung je vollexemplarisch 'mit' enthalten sind" [104].

Mit dieser Lehre der Vorbild- und Gegenbildwirksamkeit als der ursprünglichsten und wichtigsten Form **sittlichen Werdens und Wandelns** und der Klärung einer Rangordnung reiner Wertpersontypen schließt Schelers Untersuchung über die Person ab. Dabei ist zu bemerken, daß der mögliche Übergang von der ethischen Problematik zur "Gotteslehre" schon in seinem Versuch der Grundlegung der Ethik deutlich sichtbar ist, wenngleich zweifellos sein Grundlegungsversuch solche "Gottesidee" oder "Gotteslehre" auf keine Weise voraussetzen müßte.

Unsere erste Kritik an dem Personbegriff Schelers betrifft zunächst die Gegebenheitsweise der Person selbst. Besagt nach Schelers Definition die einzige und ausschließliche Gegebenheitsweise der Person allein **ihr Aktvollzug** selbst [105], so fragt sich, wie eigentlich dieser Aktvollzug selbst der Person, der **nie objektiviert werden kann**, irgendeiner philosophischen Erkenntnis zugänglich ist. **Erlebt sich die Person im eigenen Aktvollzug lebend**, heißt dieses "Sich Er-leben" dann auch phänomenologisch selbst gegeben? Wenn die Person als die konkrete Einheit aller möglichen intentionalen Akte, die nur im **Vollzug ihres Aktes existiert**, überhaupt phänomenologisch erfaßbar wäre, dann müßte diese Selbstgegebenheit der Person wie des "ego" als der transzendental leistenden Subjektivität "eine **kontinuierlich fungierende**" sein [106].

[103] *Formalismus*, S. 587.
[104] a.a.O., S. 589.
[105] a.a.O., S. 397, 484 u. 488. Vgl. auch S. 115f. dieser Arbeit.
[106] "Die Selbstgegebenheit des ego in Erfahrungsevidenz ist keine gegenständliche, sondern ist eine kontinuierlich fungierende". Funke, *Zur transzendentalen Phänomenologie*, S. 13.

Setzt aber eine solche phänomenologische Gegebenheit, solange sie eine echte wissenschaftliche Erkenntnis darstellen soll, dennoch auch einen "apriorisch" anschaulich sich erfüllenden, wenn auch nicht zu vergegenständlichenden Akt des unvermittelten Erblickens nicht voraus, der sich, sei es retentiv (bzw. protentiv), sei es reflektiv auf dieses "Aktzentrum" thematisch bezieht? Husserl gegenüber lehnt Scheler eindeutig ab, daß etwas als die "Idee" im Kantischen Sinne auch phänomenologisch (d.h. als Wesen) gegeben werden kann. Ferner ergibt sich aus der Unabschließbarkeit der "phänomenologischen Reduktion" jeder Art auch notwendigerweise die Ausgeschlossenheit der (vollkommen) adäquaten Selbsterfassung der Person. Es sei denn, daß das bei allem Aktvollzug mit beschlossene "cogito" als die konkrete Einheit des Aktkerns sowohl vom potentiellen als auch vom aktuellen Vollzug verschiedener Akte thematisierend phänomenologisch unmittelbar "erschaut" werden könnte.

In der Analyse und Beschreibung der Person zeigt sich vielleicht die Unzulänglichkeit der methodologischen Reflexion durch Scheler auf den eigenen "operativen Horizont" der Phänomenologie selbst. Als das Wertidealbild einer faktischen Person im Zusammenhang des Problems der völlig neuen personalistischen Ethik ist ein "individuales Wertwesen" meisterhaft phänomenologisch beschrieben. Tatsächlich steht dieser Begriff selbst im Zentrum der sittlichen Problematik als solcher, dennoch bleibt das "Wertwesen einer konkreten Person" an sich wegen seiner Faktizität und Geschichtlichkeit etwa außerhalb des allgemeinen Problemhorizontes der Grundlegung [107].

Person ist der ursprüngliche Träger von sittlichen Werten; insbesondere ist sittlich "gut" (bzw. "böse") allein die Person, nur ableitungsweise, d.h. nur in bezug auf den sittlichen Wert der Person, heißen Wille, Gesinnung, Entschluß und Handlung sittlich wertvoll (bzw. sittlich minderwertig). Aber worin besteht der sittliche Wert der Person selbst? Nicht, weil ich z.B. eine sittlich wertvolle Handlung durchgeführt habe, bin ich als Person sittlich gut, sondern weil – so behauptet Scheler – ich als Person sittlich gut bin, handele ich sittlich wertvoll. Hingegen stehen sittlich "Gut" und "Böse", wie auch anschaulich zu erfassen ist, wesensmäßig nach Scheler im apriorischen Zusammenhang mit übrigen

[107] *Formalismus*, S. 499; vgl. auch S. 122f. dieser Arbeit.

Wertmaterien im scharfen Gegensatz zur Kantischen Sittenlehre.

Aus dem "Automatismus" der Strebungen sowie der Wandlungsmöglichkeiten einer Person nach dem "Vorbild" eines bestimmten Typus folgt allerdings nicht nur ein "Determinismus" des Wertverhaltes, sondern auch die schicksalhafte Prädetermination des Möglichkeitshorizontes für die Sittlichkeit einer konkreten Person. Durch die Bestimmung der apriorischen Wertrangordnung sind nicht nur die Freiheit, sondern auch andere Strebungsideale, die z.B. dem sogenannten "Zivilrechte" zugrundeliegen, in Schelers Auslegung der Person zum großen Teil beschränkt. Aus der operativen Synthese zwischen zwei entgegengesetzten sittlichen Grundgedanken hinsichtlich der Person, d.h. dem Personalismus des Christentums und der Metaphysik Nietzsches ergeben sich die meisten Schwierigkeiten.

SCHLUSSBETRACHTUNGEN

§ 16. KURZE ZUSAMMENFASSUNG UND ÜBERBLICK DIESER ARBEIT

Unsere Untersuchungen befaßten sich mit der "Grundlagenforschung". Zwar erzielte diese explikative Interpretation nicht eine Grundlegung der Ethik selbst, sondern eine Kritik an der Möglichkeit einer Grundlegung der Ethik auf Grund der "phänomenologischen Methode". Zum Forschungsgegenstand wurde der wertphänomenologische Versuch Max Schelers genommen, da er in dieser Thematik einen neuen Weg zeigt.

Wir wählten als Ausgangspunkt die kritische Auslegung von Schelers Auseinandersetzungen mit Kant. Die Überwindung der von Kant vorausgesetzten, scheinbar absoluten Dichotomie zwischen "formal-apriori" und "material-aposteriori" macht als das Grundmotiv des Philosophierens Schelers den ersten operativen Horizont für die sittliche Grundlagenforschung aus. Sie vollzieht sich durch die Enthüllung der dieser Dichotomie zugrundeliegenden überlieferten Vorurteile und Verwirrungen. Als Kants allgemeine Voraussetzungen wiesen wir kritisch auf 1. den Mangel an einer intuitiven (*nicht* hypothetisch-logisch erschließenden) philosophischen Methode, die uns anschaulich das "Faktum" selbst so gibt, wie es ist; 2. die unkritische Akzeptierung der damals allgemein anerkannten Einteilung des menschlichen Gemütsvermögens; 3. die davon abhängige erkenntnistheoretische Auffassung von Anschauung (sinnlich-rezeptiv-material) und Begriff (apriori-aktiv-formend); 4. das ontologische Seinsverständnis von Welt und Menschen, wonach das Universum als "Chaos" angesehen wird; 5. die Aufnahme der traditionell-formalen Subjekt-

Prädikatslogik [1] (hinsichtlich der Zurückführung aller Erkenntnisse auf Urteile und der Ableitung der Kategorien von den Urteilsformen) hin.

Als axiologisch-ethische Voraussetzungen Kants sind von Scheler hervorgehoben: 1. der sehr streng normative Weg des nomothetischen Deontologismus durch den Anspruch auf die absolute Geltung der Sittlichkeit, 2. die Subsumierung des "Strebens" unter der empirischen Neigung, 3. die Aposteriorität aller materialen Werte, die als Objekte der Begierde angesehen werden, 4. die Ablehnung aller materialen Wertethik durch ihre Identifizierung mit der Zweckethik oder der Erfolgsethik wegen des empirischen Ursprungs ihrer Prinzipien, 5. die Stipulation der sittlichen Wertprädikate als formale Beschaffenheiten des "Willens" und 6. die enge Auffassung des Willens und die Identifizierung mit der praktischen Vernunft.

Die Frage nach dem "Apriori" gipfelt in unseren kritischen Erörterungen des I. Kapitels. Wie Kant mit Recht das "Apriori" von dem "Analytischen" klar unterscheidet [2], so bemüht sich Scheler, das "Apriori" von dem "Formalen" (bzw. von dem "Rationalen") zu befreien. Kant erblickt die notwendige und hinreichende Bedingung für die apriorische Erkenntnis in der "Notwendigkeit" und der strengen "Allgemeingültigkeit" dieser Erkenntnis. Scheler weist beide sofort zurück, weil weder Notwendigkeit (wegen ihrer "Negativität") noch Allgemeingültigkeit (da sie eine nicht wesenhafte "Für-Beziehung" ist) im Wesen des Apriori enthalten sind. Für die Unterscheidung zwischen dem Apriori und dem Aposteriori setzt Scheler vielmehr die zwei grundverschiedenen "Arten des Erfahrens" ein. "Apriori" ist nach Scheler die durch die phänomenologische Einstellung ermöglichte, von der empirisch-mundanen Erfahrung völlig unabhängige, sich selbst adäquat gebende Anschauung und ihr Gehalt. So

---

[1] Nach seiner neuen Untersuchung über Kants Logik stellte Menzel fest, daß Kant schon den Unterschied zwischen den notwendigen und den hinreichenden Bedingungen in seiner Vorlesung über Logik machte, trotzdem wurde dieser Gedanke nicht weiter in seinem philosophischen System entwickelt; vgl. Menzel, *Das Problem der formalen Logik in der Kantischen Kritik der reinen Vernunft*.

[2] In dem Kreis der modernen logischen Analyse befindet sich diese Streitfrage nach dem Verhältnis zwischen "apriori" und "analytisch" immer noch weit entfernt von der Vereinbarung. Vgl. Quine, *From a Logical Point of View*, S. 20ff., Pap, *Semantics and Necessary Truth*, S. 94ff., Hempel, *Problems and Changes in the Empiristic Criterion of Meanings*, S. 60ff., Hempel, *A Logical Appraisal of Operationalism*, S. 218ff.

aufgefaßte Gegenständlichkeiten sind "Wesen" oder "Phänomene" im prägnanten Sinne; sie intuitiv, unmittelbar selbst zu erfassen, nennt Scheler "Wesensschau" oder "phänomenologische Anschauung". Diese positive Ausdeutung des "Apriori" von Scheler weist direkt auf unseren zweiten operativen Horizont der methodologischen Untersuchung über die Phänomenologie hin. Ferner hängt Kants subjektiv-rationale Auffassung des "Apriori" mit seiner "transzendentalen" eng zusammen. Im letzten Teil der Analyse über das Apriori bemühten wir uns, auf Kants inkonsequenten Gebrauch der "transzendentalen Bedingung", worauf seine kritische Philosophie beruht, hinzuweisen, nämlich, daß Kant sie einmal als den notwendigen Grund und ein anderes Mal als den hinreichenden Grund verwendet. Durch die Erhellung der kantischen Voraussetzungen waren wir in der Lage, auf die Möglichkeit des neuen dritten Weges Schelers, der apriorisch-materialen Wertethik hinzuweisen.

Die Problematik der phänomenologischen Methode und der Wertphänomenologie Max Schelers konstituierte den "zweiten operativen Horizont". Unsere Bemühungen im II. Kapitel richteten sich zuerst auf die Verfolgung des Husserlschen Gedankens von "Wesen" und "Wesensschau" seiner Phänomenologie. Auf der Stufe der "Logischen Untersuchungen" (1900–1901) wurde von Husserl die Wissenschaftlichkeit der Philosophie nicht in der "Wesenheit" des "Wesens" gesucht, sondern in dem unmittelbaren Bezug des introspektiven Blicks auf den reellen Bestandteil des (intentionalen) Bewußtseins, und somit wurde diese unmittelbare Selbstbezogenheit des Bewußtseins als "Phänomen" ausgelegt, wobei "Phänomen" und "Wesen" als ideale Gegenständlichkeiten nicht identisch, wie später, sondern gegenübergestellt waren. Erst 1903 wurde von Husserl "Wesensschau" als Methodenbegriff der Phänomenologie verstanden, und in seiner "Idee der Phänomenologie" (1907) nannte Husserl "Phänomenologie" "allgemeine Wesenslehre". Neben der entscheidenden phänomenologischen Methode der transzendentalen Reduktion kennzeichnet sich die Wesenserfassung als die "eidetische Reduktion". Die Wissenschaftlichkeit der Phänomenologie als der reinen Eidetik findet man hier in der apriorischen "Wesenheit" des Wesens. Allerdings zeigt sich in der Spätphilosophie Edmund Husserls eine neue Auslegung von allgemeinen Gegenständlichkeiten und ihrer

Gegebenheitsweise auf der niedrigsten Stufe in Richtung auf die Analyse der Lebenswelt. Dabei handelte es sich um den "Typus" und die "Typisierung" unserer Erfahrung. In der vorprädikativen Erfahrung wird uns das sinnlich Wahrgenommene als "Bekanntes" im Hinblick auf seine Affinität mit dem Vor-Bekannten als von bestimmten Typus erfahren. In Husserls Analyse dieser passiven Vorkonstitution von niedrigsten allgemeinen Gegenständlichkeiten und der Wesensschau fanden wir eine mögliche methodologische Begründung für Schelers "apriorische Erfahrung" und "phänomenologische Anschauung" (im nicht methodologischen Sinne).

Nachdem die Wesenszüge der Phänomenologie Max Schelers systematisch in Bezug auf Methode, Probleme, und Thematik der transzendentalen Phänomenologie Husserls gegenübergestellt und erläutert wurden, wiesen wir am Ende des zweiten Kapitels die phänomenologische Analyse des emotionalen Lebens auf. Aus den vorbereitenden Untersuchungen wurde schon ersichtlich, daß Scheler erstrebt, Wert und Werterfahren weder auf "Gefühlszustände" oder "Interessen" zurückzuführen noch sie von "Gütern" (d.h. "Wertdingen") abstrahierend abzuleiten: vielmehr zeigen sich Wert und Werterfahren durch seine phänomenologische Analyse als "Phänomene" von apriorischer Natur und machen neben dem "theoretischen" einen echten intentionalen Zusammenhang "sui generis" aus. Die Apriorität von Wert und Werterfahren erweist sich nicht nur in ihrer Unabhängigkeit von der "Bilderfahrung", sondern auch darin, daß sie sogar "Güter" und "Gütererfahrung" zugrundelegen. Solche Wertqualitäten als Wesen sind eigenartige selbständige Gegenständlichkeiten, die darauf intentional bezogenen Akte sind alle apriorisch emotionale Akte, wie z.B. Fühlen, Vorziehen und Nachsetzen, Lieben und Hassen etc.[3]. Innerhalb des apriorischen Wertbereiches bestehen Wesenszusammenhänge des höheren und des niedrigeren Zueinander, und dieses Höhersein (bzw. Niedrigersein) ist nur im Vorziehen (bzw. Nachsetzen) erkenntnismäßig gegeben. Außer dieser Rangordnung der Werte, die für die Grundlegung der Ethik eine entscheidende Bedeutung hat, wurden ferner solche Wesenszusammenhänge zwischen Wert und Wertträger und auch zwischen Wert und Sein in Betracht gezogen. Schelers wertphänomenolo-

[3] Solche emotionalen Akte können auch aposteriorisch sein.

gische Untersuchungen stellen allerdings nur eine Skizze seiner Axiologie dar. Ihr größter Beitrag besteht im Aufweis der unreduzierbaren Eigenständigkeit und Eigenartigkeit des "Wertphänomens" sowie in der Herausstellung der intentionalen Korrelation zwischen Wert und emotionalem Erlebnis.

Im III. Kapitel befaßten wir uns erst mit den eigentlichen sittlichen Kernproblemen. Zunächst stellten wir den Standort des Schelerschen Versuchs als einen "apriorischen teleologischen Intuitionismus" in der allgemeinen Problemlage fest. Dabei handelte es sich um die Auslegung des Sittlichen durch die wertphänomenologischen Apriori. Auf Grund der allgemeinen Axiologie bemühte sich Scheler, den sittlich fundamentalen Wert Gut (bzw. Böse) durch die Verwirklichung des als höchsten vorgezogenen positiven (bzw. als niedrigsten, nachgesetzten negativen), nichtsittlichen Wertes zu bestimmen. Gegenüber Kants enger Auffassung von "Strebungen", die sie unter der "empirischen Neigung" subsumiert, hebt Scheler den "Willen" nicht als die praktische Vernunft, wie bei Kant, sondern als eigentliches "Streben", d.h. als den wertrealisierenden Akt hervor. Scheler wies ferner auf die weitgehende, sogar "automatische" Wertbestimmtheit des Strebens durch die dem jeweiligen Menschen verfügbaren apriorischen Wertmaterien und ihre Vorzugsregeln hin. Darüber ging sein Versuch in der Grundlegung der Ethik hinaus und stellte den ganzen Wertverwirklichungszusammenhang vom Willen und seinen konsekutiven Stufen (d.h. Gesinnung, Absicht, Vorsatz, Entschluß) bis zur Ausführung des Wertrealisierens durch die Handlung als eine durch den apriorischen Wertverhalt durchbestimmte kontinuierliche Einheit heraus. Damit erwies Scheler die apriorische Legitimität seines teleologischen Kriteriums für das sittlich rechte Handeln.

Das "normative Sollen" oder der "sittliche Imperativ" oder die "morale Pflicht" ist nach Scheler als Teleologisten letzten Endes durch das "ideale Sollen" auf den ihm zugrundeliegenden apriorischen Wertverhalt zurückzuführen. Im Gesollten von etwas besteht nicht der Wert, sondern das Sollen setzt immer den Wertverhalt voraus, und den Grund dafür erblickt Scheler im Umfangreichersein des ihm zugrundeliegenden Wertbereichs gegenüber dem Sollensbereich (z.B. Wertprädikate von Naturobjekten). Während der Wertbereich nicht nur Nicht-Existierendes und Existierendes, sondern auch den Übergang von Nichtexistenz zur Existenz umfaßt, beruht das ideale Sollen exklusiv auf dem Übergang von Nichtexistenz eines positiven Wertes zu seiner Existenz und ist auf ein mögliches Realsein hingezogen. Deshalb muß alles ideale Sollen Idealeinsollen sein.

Hingegen setzt das normative Sollen immer die Nichtexistenz eines positiven, von ihm geforderten Wertes voraus und enthält immer den negativen Hinblick auf die Abwesenheit des gesollten positiven Wertes und zugleich auf die Anwesenheit des Gegenteils jenes Wertes. Das ideale Sollen liegt dem normativen Sollen so zugrunde, daß das ideale Sollen zum normativen Sollen bestimmt wird, wenn der Inhalt des idealen Sollens auf einen bestimmten Willen hin bezogen erlebt ist. Schelers Explikation von Sollen durch den Wertverhalt schildert deutlich die wesentliche Abhängigkeit des Sollens vom Werte, wobei das Wesen der "Normativität" des Sollens selbst außer Betracht bleibt. Dennoch macht Scheler ersichtlich, daß ein sittlicher Imperativ oder ein normatives Sollen als ein "Surrogat" für die sittliche Einsicht in die Wertbestände hervortritt, wenn diese völlig fehlt und allein das Zwangsbewußtsein der Forderung vorhanden ist.

Von der Frage nach dem "sittlich gut Handeln" ist die Frage nach dem "sittlich gut Sein" der Person scharf zu unterscheiden. Scheler lehnt den sehr oft vorgeschlagenen Versuch ab, das sittlich Gute der Person von der jeweiligen sittlich guten Handlung abhängig zu machen. Wenn auch die Wirkung dieser auf jenen unbestreitbar besteht, solange die Person das Zentrum des Aktvollzugs und der Träger von sittlichen Werten ist, befindet sich das Wertwachstum der sittlichen Person wesensmäßig davon unabhängig. Vielmehr handelt die Person von sittlich hoher Natur wesensnotwendig sittlich gut. Denn die "sittliche Höhe" einer Person ist zunächst durch ihr eigenes "individuales Wertwesen" und damit ferner durch die dieser Person erkenntnismäßig verfügbaren Wertmaterien und Vorzugsregeln völlig bedingt. Das Wertwachstum der sittlichen Person vollzieht sich einzig und allein durch den echten Akt der "Liebe" zu ihrem individualen Wertwesen. Dabei spielt nach Scheler das sittliche "Vorbild" eine entscheidende Rolle. Einem bestimmten Vorbild "folgend", verwirklicht die sittliche Person ihr eigenes individuales Wertwesen und vollzieht damit ihre sittliche Besserung. Beim Problem der konkreten sittlichen Person in bezug auf ihre sittliche Wertverwirklichung in der geschichtlichen, faktischen Gegebenheit handelt es sich um den "lebendigen Geist", der die Kluft zwischen den idealen Wertverhalten (Wertuniversalismus) und dem konkreten Wirklichkeitszusammenhang von Wertbeständen (Wertindividualismus) dadurch überbrückt, daß die jeweilige sittliche Person, dem betreffenden "Vorbild" folgend, ihr individuales Wertwesen in der zeitigenden Geschichte verwirklicht. Damit vollzogen wir die Klärung der sittlichen Grundprinzipien und fundamentalen Begriffe auf Grund der Wertphänomenologie Max Schelers.

§ 17. EINIGE KRITISCHE BEMERKUNGEN UND UNSERE KÜNFTIGE AUFGABE

Aus dem oben kurz Zusammengefaßten tritt deutlich hervor, daß unsere letzten kritischen Auseinandersetzungen selbstverständlich weit von einem systematischen Hinweis auf die Herausstellung der allgemeinen Bedingung der Möglichkeit der Ethik entfernt sind und bloß eine thematisierende Verweisung auf ihre "operativen Voraussetzungen" darstellen. Hinzuzufügen sind folgende kritische Bemerkungen, um unsere Untersuchungen über "Phänomenologie und die Frage nach der Grundlegung der Ethik" zu schließen.

Greifen wir nochmals zunächst auf das Problem des Apriori und des Wesens zurück, so erläuterten wir das Problem nicht nur in bezug auf Schelers Auseinandersetzung mit Kants Begriff des Apriori, sondern auch im Zusammenhang mit Husserls Konzeption von Wesen und Wesensschau in ihrer Entstehung sowie in ihrer Wandlung und schließlich im Kontext mit Schelers Phänomenologie und phänomenologischer Methode.

Kurz gefaßt legt aber Scheler die Apriorität des "Apriori" im Gegensatz zum "Aposteriori" ausschließlich als die Wesenheit des Wesens aus, das er wiederum als "Phänomen", d.h. als das "unmittelbar im reinen Sehen Selbstgegebene" phänomenologisch ausdeutete, indem er den Unterschied zwischen "Apriori" und "Aposteriori" als die Unterscheidung zwischen zwei Arten des Erfahrens versteht. Damit bedeuten für Scheler "Apriori",

"Wesen" und "Phänomen" ein und dasselbe. Nochmals ist ausdrücklich darauf aufmerksam zu machen, daß Schelers Begriff "Apriori", auf die Wertsphäre bezogen, doppeldeutig gebraucht ist.

Auf der einen Seite heißt das "Apriori", wie oben hervorgehoben, im allgemeinen das von der Empirie völlig unabhängige unmittelbare Erfassen des "deskriptiven Gehaltes" des Wesens (bzw. "des Phänomens") überhaupt [4]. Auf der anderen Seite weist zugleich das "Apriori" besonders auf die "Abgeschlossenheit" der Wertbestände und Wertzusammenhänge, d.h. auf die Unabhängigkeit der "Werterfahrung" von der "Dingerfahrung" (d.h. von der Erfahrung des Seienden und seiner Beschaffenheiten), hin.

Wenn Scheler meint, jede empirische Erfahrung von "etwas", sei es "dinghaft", sei es "werthaft", setze immer schon die "apriorische" Erkenntnis des "Wesens" dieses Etwas voraus [5], so liegt aber ferner dabei immer operativ der "normative Sinn" (oder die "normative Funktion") des "Wesens" (bzw. des "Apriori") im Unterschiede zu seinem "deskriptiven Gehalte" vor. Der "normative Sinn" besagt also das "Vorausgesetztsein" dieses Apriori für die Empirie. Dieses "Vorausgesetztsein des Wesens" (bzw. des Apriori) weist aber ohne weiteres auf irgendeinen "Bedingungszusammenhang" hin, welcher zunächst kein Kausalzusammenhang sein kann.

Was auch für ein Bedingungszusammenhang unter diesem "normativen Sinn" zu verstehen ist, es steht aber eines fest: daß die Herausstellung der "apriorischen" Werterkenntnisse sowie der "apriorischen" Grundprinzipien der Sittlichkeit völlig widersinnig sein müßte, wenn, im allgemeinen gesagt, das Wesen als "Voraussetzung" das Empirische, d.h. das Wirkliche nicht bedingen sollte. Die Apriorität der materialen Wertethik heißt also nicht nur die in sich abgeschlossene Selbständigkeit und Unabhängigkeit der Wert- und Sittlichkeitssphäre, sondern besagt zugleich den "(normativ) bedingenden Bezug" der apriorischen Werte und Werterkenntnisse sowie der apriorischen Zusammen-

---

[4] Wie schon früher erörtert (vgl. S. 28 dieser Arbeit), unterscheiden sich der "deskriptive" und der "normative" Gehalt im "Wesen" oder "Apriori". Dieser "normative Sinn" des Wesens aber fungiert völlig operativ, und zwar ist er durch die unmittelbare Erschauung des deskriptiven Gehaltes allerdings nicht phänomenologisch mitgegeben.

[5] *Formalismus*, S. 66. Vgl. auch S. 27 dieser Arbeit.

hänge und der darauf beruhenden sittlichen Prinzipien auf konkrete, betreffende Wirklichkeitsbestände.

Unklar bleibt uns noch das Wesen dieses Bedingungszusammenhanges, welcher vielleicht aus dem logischen auszulegen ist, was aber Scheler ablehnt, da er zweifellos die Eigenständigkeit der "logique du coeur" behauptet. Es ist vielmehr eine der künftigen Aufgaben, das Wesen dieses normativen Bedingungszusammenhanges zu klären.

Als Methodenbegriff ist die "Wesensschau" oder "Ideation" (sowohl in der Phänomenologie als auch in den übrigen eidetischen Wissenschaften) von dem thematischen Erfassen der 'typisierten" Gegebenheit unserer Erfahrung klar zu unterscheiden. Allerdings kann man das als "Typus" Erfahrene, d.h. die allgemeinen Gegenständlichkeiten der niedrigsten Stufe, thematisch erfassen. Diesem thematischen Erfassen des niedrigsten Allgemeinen entspricht Schelers "phänomenologische Erfahrung" im weitesten Sinne, welche über den streng methodologischen Begriff der Phänomenologie weit hinausgeht. Auf diesem Grund aber beruht die Möglichkeit für Schelers Aufweisung des apriorischen Zusammenhanges zwischen "Wert" und "Wertfühlen".

Anstatt die "Wesensschau" dadurch zurückzuweisen, die "Anschauung" auf einen speziellen Fall des allgemeineren "hermeneutischen Verstehens" zurückzuführen, weist unsere Auslegung der "Wesensschau" vielmehr positiv auf die Möglichkeit dieser als methodologischen Begriffs der Philosophie hin. Nicht die absolute, sondern nur die "stufenartige Evidenz" bei der phänomenologischen Erschauung gilt uns als möglich, wie schon Husserl richtig aufwies [6]. Es ist vor allem noch erforderlich, bei der künftigen philosophischen Besinnung verbergende mundane Selbstverständlichkeiten sowie überlieferte operative Begriffe durch die "phänomenologische Reduktion" zu enthüllen und "Sachen selbst", wie sie sind, zur unmittelbaren Erfassung zu bringen. Ferner müssen wir thematisch Wesen und Tragweite der "phänomenologischen Anschauung" immer reduktiv erforschen. Der Begriff "Anschauung" ist zwar sehr irreführend. Husserl selber versucht immer in der "sinnlichen Wahrnehmung" die Urmodelle aller Erkenntnisse zu sehen. Solange der Methodenbegriff der "Intuition" (bzw. "Anschauung") als der letzten In-

---

[6] Husserl, *Formale und transzendentale Logik*, S. 249.

stanz jeder Erkenntnis bezüglich der Wissenschaftlichkeit letzten Endes (oder analogerweise) auf die "empirische Wahrnehmung" zurückzuführen ist, lehnen wir einen solchen naiven "Intuitionismus" ab, da er dann auch nichts anderes als ein überliefertes Vorurteil ist.

Bei Scheler beruht die Möglichkeit der Grundlegung der Ethik auf den phänomenologischen Voraussetzungen, daß sowohl die Werterfahrung ein intentionales Erlebnis sei, als auch, daß jedem Erlebnis, das sich auf den Wertverhalt auf irgendeine Weise bezieht, ein reines apriorisches Wertfühlen zugrundeliegt. Dabei ist ferner vorausgesetzt, daß alle intentionalen Akte notwendigerweise gleichzeitig Erkenntnisakte seien, was aber keineswegs phänomenologisch aufweisbar ist. Vielmehr ist es sachgemäß, den Willen z.B. nicht als werterkennenden Akt zu verstehen, sondern ihn (falls der von ihm als zu realisierend intendierte Wert durch einen anderen wertfühlenden Akt als "wahr" erkannt ist), als den "rechten" Willen auszulegen. M.a.W.: es können sich Wollen, Entschließen und Handeln jeweils z.B. intentional "meinend" auf die Wertmaterie beziehen, ohne sich dabei "intuitiv" erkennend zu "erfüllen". Der Rückgang eines wertrealisierenden Aktes auf den "anschaulich" erfüllenden Akt müßte eigentlich "Berechtigung" heißen.

Um alle Erlebnisakte (bzw. Wertfühlen) zunächst als intentionale Akte und dann als Erkenntnisakte zu rechtfertigen, bemüht sich Scheler, den "nicht bewußtseinsmäßigen Charakter" von Gefühlszuständen und Empfindungen aufzuweisen. Dasselbe findet man in seiner Analyse der Strebungen, insbesondere z.B. der des "Aufstrebens". Auf der einen Seite sind manche Analysen Schelers von den "eigenartigen Artikulierungen" der deutschen Sprache abhängig, wie oft bei Heidegger, auf der anderen Seite übersieht Scheler manchmal unsere durch die Sprache wesensmäßig bestimmte Bezugsstruktur auf die Welt. Anstatt die Bewußtseinsweise von Wert und Wertfühlen zur thematischen Frage zu stellen und ihre eingehende Analyse durchzuführen, verwendet Scheler den Begriff der "Intentionalität" offensichtlich ohne weiteres auf die Werterfahrung. Die Unzulänglichkeit dieser Analyse zeigt sich sogar deutlich darin, daß man sie auf Gefühlszustände, Interesse oder emotionale Reaktionen zurückzuführen versuchen kann. Das besagt aber nicht, daß Wertbestände keine echten, eigenständigen Gegenständlichkeiten darstellen, sondern weist nur auf den schwierigen Tatbestand des Wertproblems hin.

Indem Scheler unter dem Einfluß Franz Brentanos neben den Grundprinzipien der Logik auch apriorische, axiologische Grundsätze herausstellte sowie Parallelität zwischen Gütern und Dingen annahm, setzte er dabei voraus, daß Güter andere, eigenartige Seiende sind, deren Beschaffenheiten auch analogerweise als andersartige Quale anzusehen sind. Der Reduktionismus jeder Form wurde abgelehnt. Es ist allerdings sehr fragwürdig, ob Werte, seien sie apriorische, seien sich aposteriorisch verwirklichte, in strenger Parallelität zu qualitativen Beschaffenheiten von Dingen (z.B. "Farben") stehen. Vorausgesetzt ist ferner, daß damit neben der formalen Logik auch "la logique du coeur" auf ihr eigenartiges "Seiendes" bezogen ist [7]. Dabei ist auf seine nicht eindeutige Verwendung von "Sein", "Existenz", "Realität" und "Seiendem" aufmerksam zu machen. Als "echter Gegenstand" ist nach Scheler der Wert trotz seiner "qualitativen Natur" als "Seiendes" (d.h. als "Wesen") aufzufassen. Als Grundsätze formuliert Scheler die Zusammenhänge der Werte nicht mit dem Sein und Nichtsein, wie er meint, sondern mit ihrer Realität und Irrealität (als Seinsmodalitäten). Wie verhält sich der Wert eigentlich zu dem Sein selbst? Nach Scheler ist Wert jeder Art eine apriorisch-materiale Qualität, die "gleich" ursprünglich gegeben werden muß. Trotzdem sind sittliche Werte durch die nicht sittlichen Werte (d.h. "Sachwerte") zu definieren. Diese Definierbarkeit der sittlichen Werte durch Sachwerte als die dem Willen zur Realisierung gegebene Materie eröffnete Scheler, im Unterschied zu Kant, die Möglichkeit, den Zusammenhang der sittlichen Werte von Gut und Böse mit den anderen materialen Wertqualitäten herauszustellen, welche er selber als einen der wichtigsten Beiträge bezeichnete. Ist damit aber auf die "ursprüngliche Gegebenheit" von sittlich Gut und Böse zugleich nicht verzichtet? Es fragt sich auch, warum sittlich Gut und Böse, wenn sie auch materiale Wertqualitäten sind, nicht in den apriorischen Zusammenhängen der Wertmodalitäten enthalten und damit in das Verhältnis der Rangordnung zu anderen

---

[7] Eine ähnliche Entwicklung der "präskriptiven Logik" wird z.B. von Hare und Prior unternommen.
Vgl. Hare, *The language of Morals*; Prior, *Logic and the Basis of Ethics*.

materialen Werten gesetzt sind. Durch die Person sollen die apriorischen Wesenswerte mit aposteriorischen Situationswerten in Zusammenhang gebracht werden. Aber wie ist dies überhaupt möglich, wenn beide voneinander auf einmal derartig streng zu unterscheiden sind, wie beim cartesianischen Dualismus? Lieben und Schaffen des "lebendigen Geistes" sind sicherlich die Werkmeister dafür. Genau betont Scheler, wie von Rintelen, letzten Endes die konkrete faktische Wertverwirklichung. In diesem Sinne ist die "Philosophie des lebendigen Geistes" von Rintelens als seine weitere Entwicklung in die positive Richtung anzusehen [8].

Wertqualitäten sind von Scheler als apriorische Wesenheiten ausgelegt, und was als Inhalt der phänomenologischen Anschauung unmittelbar selbst gegeben ist, bezeichnet jedoch nur den deskriptiven Gehalt des Wertes in der strengen Parallelität zu "Dingqualitäten". Ist damit tatsächlich der Sinn des Wertprädikates völlig erschöpft? Es muß daneben ein "normativer Sinn", d.h. die "präskriptive Funktion" des Wertverhaltes, als operativ mitwirkend gegeben sein. Von der phänomenologischen Gegebenheitsweise des Wertverhaltes abgesehen, zeigt sich die z.B. von der Dingqualität (wie z.B. von der Farbe) völlig unterschiedliche, selbständige Eigenart von "Wertphänomen", aber auch in dieser "normativen Funktion" von Werten und Wertzusammenhängen, durch welche Scheler z.B. den Wesensbezug des Wertes auf das ideale Sollen ohne weiteres aufweisen konnte. Wenn auch seine "logique du coeur" bloß ein Hinweis auf die "Logik der präskriptiven (d.h. normativen) Sprache" blieb, nimmt seine Analyse die sogenannte "deontologische Logik" der Gegenwart, die von solchen oxonischen Philosophen wie R. M. Hare, A. N. Prior und P. H. Nowell-Smith vorgeschlagen und weiter getrieben wird, mit voller Einsicht vorweg.

Zweifellos liegt Schelers größter Beitrag zur Grundlagenforschung der Ethik auf der axiologisch-teleologischen Basis in dem Erweis der "Autonomie der Ethik". Durch die unzurückführbare Eigenständigkeit des Wertphänomens und den Wesensbezug der Wertdetermination auf den ganzen Zusammenhang des Handlungsvollzugs ergibt sich die hinreichende Bedingung für die Sittlichkeit. Dabei leistet Scheler zugleich einen positiven Beitrag zu

---

[8] Vgl. S. 120f und auch S. 131 dieser Arbeit.

dem Streit zwischen dem Determinismus und dem Freiheitsgedanken, indem er die völlige Ausgeschlossenheit der Kausalerklärung für die Willenshandlung phänomenologisch durch die apriorischen Wertdeterminationen vom Wollen bis zur Ausführung der Handlung deutlich darlegt. Dieser Tatbestand ist auch daraus ersichtlich, daß man sich erst auf eine kausale Erklärung beruft, wenn sich eine Willenshandlung im Wertverwirklichungszusammenhang als nicht vollsinnig zeigt.

Trotz Schelers phänomenologischer Klärung der Apriorität des Wertphänomens und seines axiologischen Versuches zur apriorisch-teleologischen Grundlegung der Ethik fragt man dennoch, ob sich nur eine mögliche Ethik daraus ergeben kann. Eröffnet nicht vielmehr seine phänomenologische Enthüllung des sittlichen Phänomens auf Grund der Axiologie die Möglichkeit des Aufbaus der unterschiedlichen Ethiken? Phänomenologische Analyse und Beschreibungen sind schließlich erkenntnismäßige Feststellungen, auf welchen Tatbestand sie sich beziehen, und Schelers wertphänomenologische Analyse bleibt letzten Endes eine Skizze. Solange die schon hervorgehobenen Fragen nach dem Wesen der Werte sowie nach ihren Wesenszusammenhängen nicht eindeutig geklärt bleiben, besteht doch die Möglichkeit der Pluralität der normativen Ethiken.

LITERATURVERZEICHNIS

Adams, E. M., *Ethical Naturalism and the Modern World-View*, Chapel Hill 1960.
Aiken, H. D., *Evaluation and Obligation: Two Functions of Judgements in the Language of Conduct*, pp. 5 (*The Journal of Philosophy*, Vol. XLVI, 1950).
Altmann, A., *Die Grundlagen der Wertethik: Wesen, Wert, Person. Max Schelers Erkenntnis- und Seinslehre in kritischer Analyse*. Berlin 1931 (Diss.).
Aristoteles, *Aristotle's Metaphysics:* A revised Text with Introduction and Commentary by W. D. Ross; Vol. I and II, Oxford 1924.
Aristoteles, *Organon;* hrsg. v. T. Witz, Bd. I und II, Leipzig 1846.
Aristoteles, *Aristotle's Prior and Posterior Analytics;* a revised Text with Introduction and Commentary by W. D. Ross, Oxford 1949.
Ayer, A. J., *Philosophical Essays*, London 1954.
van Breda, H. L. (Hrsg.), *Problèmes actuels de la phénoménologie*, Bruxelles 1951.
Baier, K., *The Moral Point of View* (A rational Basis of Ethics), Ithaca 1958.
Bastide, G., *Traité de l'action morale*, 1 vol., Paris 1961.
Becker, O., *Die Philosophie Edmund Husserls* (Kantstudien, Bd. XXXV), 1930.
Becker, O., *Grundlagen der Mathematik*, München 1954.
Bentham, J., *Deontology or the theory of Morality*, 2 Bde., hrsg. v. J. Bowing, Edinburgh 1834.
Biemel, W., *Die entscheidenden Phasen der Entfaltung von Husserls Philosophie* (*Zeitschrift für philosophische Forschung*, Bd. XIII, 1959).
Brehm, W. J. u. A. R. Cohen (Hrsg.), *Explorations in cognitive Dissonance*, New York 1962.
Brentano, F., *Grundlegung und Aufbau der Ethik*, hrsg. v. F. Mayer-Hildebrand, Bern 1952.
Brentano, F., *Vom Ursprung sittlicher Erkenntnis*, 4. Aufl., hrsg. v. O. Kraus, Hamburg 1955.
Brentano, F., *Die vier Phasen der Philosophie und ihr augenblicklicher Stand*, Leipzig 1926.
Brentano, F., *Kategorienlehre*, hrsg. v. A. Kastil, Leipzig 1933.
Broad, C. D., *Five Types of Ethical Theory*, London 1930.
Browne, S. S., *Independent Questions in Ethical Theories* (*The Philosophical Review*, Vol. LXI, 1952).

Buber, Martin, *The Philosophical Anthropology of Max Scheler* (*Philosophy and Phenomenological Research*, Vol. VI, 1945).
Carritt, E. F., *Ethical and Political Thinking*, Oxford 1947.
Carritt, E. F., *Morals and Politics*, Oxford 1935.
Carnap, R., *Meaning and Necessity*, Chicago 1947; enlarged edition 1956.
Carnap, R., *The Methodological Character of Theoretical Concepts* (*Minnesota Studies in the Philosophy of Science*, Vol. I), Minneapolis 1956.
Cohen, H., *System der Philosophie* Bd II: *Ethik des reinen Willens*, 1904, Berlin 1921, 3. Aufl.
Descartes, R., *Principia philosophiae* (Oeuvres Complètes, Bd. 8, p. 1) Paris 1905.
Dewey, J., *Theory of Valuation*, Chicago 1939.
Diemer, A., *Edmund Husserl*, Meisenheim/Glan 1956.
Duffrenne, M., *La notion d'"A priori"*, Paris 1958.
Dupuy, M., *La philosophie de Max Scheler, son évolution et son unité*, 2 vol., Paris 1959.
Ewing, A. C., *The Definition of Good*, London 1947.
Farber, M., *On the Meaning of Radical Reflection* (Edmund Husserl, 1859–1959), Den Haag 1959.
Festinger, L., *Conflict, Decision and Dissonance*, Stanford 1954.
Festinger, L., *A Theory of Cognitive Dissonance*, Stanford 1957.
Fink, E., *Die phänomenologische Philosophie Edmund Husserls in der gegenwärtigen Kritik* (Kantstudien, Bd. XXXVIII), 1933.
Fink, E., *Was will die Phänomenologie Edmund Husserls?* (Tatwelt, Bd. X), 1934.
Fink, E., *Das Problem der Phänomenologie Edmund Husserls* (Revue internationale de Philosophie, Vol. I), 1938.
Fink, E., *Entwurf einer "Vorrede" zu den "Logischen Untersuchungen" von Edmund Husserl* (Tijdschrift voor Philosophie, Bd. I), Leuven 1939.
Fink, E., *Zum Problem der ontologischen Erfahrung* (Actas del congreso nacional de filosofia I), 1949/50.
Fink, E., *L'analyse intentionelle et le problème de la pensée spéculative* (Problèmes actuels de la phénoménologie) Bruxelles 1952.
Fink, E., *Operative Begriffe in Husserls Phänomenologie* (Zeitschrift für philosoph. Forschung, Bd. XI), 1957.
Fink, E., *Beilage zum Problem des "Unbewußten"*, (Husserliana, Bd. VIII), Den Haag 1957.
Fink, E., *Die Spätphilosophie Husserls in der Freiburger Zeit* (Husserl 1859–1959), Den Haag 1959.
Fink, E., *Alles und Nichts*, Den Haag 1959.
Frankena, W. K., *The Naturalistic Fallacy* (Mind, Vol. 48), 1939.
Frankena, W. K., *Ethics*, New York 1963.
Frick, P., *Die weltanschauliche Hintergrund der materialen Wertethik Max Schelers* (Diss.), Stuttgart 1933.
Funke, G., *Zur transzendentalen Phänomenologie*, Bonn 1957.
Funke, G., *Investigaciones fenomenológicas transcendentales*, Lima 1957.
Funke, G., *Beantwortung der Frage, welchen Gegenstand die Philosophie habe oder ob sie gegenstandslos sei*, Mainz 1965.
Funke, G., *Möglichkeit und Grenze des hermeneutischen Ansatzes für die Grundlegung der Pädagogik* (Pädagogik), 1965.
Funke, G., *Die Philosophie sei ihrer Zeit im Gedanken erfaßt oder Philosophieren und Philosophie im 20. Jahrhundert* (Integritas),Tübingen 1966.

Funke, G., *Phänomenologie – Metaphysik oder Methode?*, Bonn 1966.
Garvin, L., *Normative Utilitarianism and Naturalism* (*Ethics*, Vol. LX), 1949.
Greiner, J., *Formale Gesetzesethik und materiale Wertethik*, Heidelberg 1932.
Gurwitsch, A., *Moral théoretique et science des moeurs*, Paris 1948.
Gurwitsch, A., *On the Intentionality of Consciousness* (*Essays in Memory of Edmund Husserl*, hrsg. v. M. Farber, Cambridge, Mass. 1940.
Hall, E. W., *What is Value?*, London 1952.
Hare, R. M., *The Language of Morals*, Oxford 1952.
Hartmann, N., *Grundzüge einer Metaphysik der Erkenntnis*, Berlin 1921; 4. Aufl. 1949.
Hartmann, N., *Ethik*, Berlin 1925, 3. Aufl. 1949.
Hartmann, N., *Kleinere Schriften*, 3 Bde., Berlin 1955–58.
Heidegger, M., *Vom Wesen des Grundes*, 1929, 3. Aufl., Frankfurt 1949.
Heidegger, M., *Was ist Metaphysik*, 1929, 6. Aufl., Frankfurt 1951.
Heidegger, M., *Sein und Zeit*, 1927, 10. Aufl., Tübingen 1963.
Heidegger, M., *Kant und das Problem der Metaphysik*, 1929, 2. Aufl., Frankfurt 1951.
Heidemann, I., *Untersuchungen zur Kantkritik Max Schelers* (Diss.), Köln 1955.
Heimsoeth, H., *Die Methode der Erkenntnis bei Descartes und Leibniz*, Gießen 1912.
Hempel, C., *Problems and Changes in the Empiricist Criterion of Meaning* (*Revue Internationale de Philosophie*, Tome IV), Bruxelles 1950.
Hempel, C., *Fundamentals of Concept Formation in Empirical Science*, Chicago 1952.
Hempel, C., *A Logical Appraisal of Operationalism* (*The Scientific Monthly*), 1954.
Hempel, C., *The Theoretician's Dilemma* (*Minnesota Studies in the Philosophy of Science*, Vol. 2), Minneapolis 1958.
Hempel, C., *Philosophy of Natural Science*, Englewood Cliffs 1966.
Hume, D., *A Treatise Concerning the Human Nature*, ed. by Selby-Bigge, L.A., Oxford 1886.
Husserl, E., *Bericht über deutsche Schriften zur Logik in den Jahren 1895–99* (*Archiv für systematische Philosophie*, Bd. XI), 1903.
Husserl, E., *Logische Untersuchungen*, 2 Bde., 1. Aufl. Halle 1900–10 1 und 2. Aufl. Halle 1913.
Husserl, E., *Philosophie als strenge Wissenschaft* (Logos, Bd. I), 1911.
Husserl, E., *Zur Phänomenologie des inneren Zeitbewußtseins (1893–1917)*, 1928; *Husserliana* Bd. X, Den Haag 1966.
Husserl, E., *Formale und transzendentale Logik*, Halle 1929.
Husserl, E., *Erfahrung und Urteil*, hrsg. v. L. Landgrebe, 1939, 2. Aufl., Hamburg 1954.
Husserl, E., *Die Idee der Phänomenologie, Husserliana* Bd. II, Den Haag 1957.
Husserl, E., *Cartesianische Meditationen und Pariser Vorträge, Husserliana* Bd. I, Den Haag 1950.
Husserl, E., *Ideen zu einer reinen Phänomenologie und phänomenologischen Philosophie*, Erstes Buch, *Husserliana* Bd. III, Den Haag 1950.
Husserl, E., *Ideen zu einer reinen Phänomenologie und phänomenologischen Philosophie*, zweites Buch, *Husserliana*, Bd. IV, Den Haag 1952.

Husserl, E., *Ideen zu einer reinen Phänomenologie und phänomenologischen Philosophie*, drittes Buch, Husserliana Bd. V, Den Haag 1952.
Husserl, E., *Die Krisis der europäischen Wissenschaften und transzendentale Phänomenologie*, Husserliana, Bd. VI, Den Haag 1954.
Husserl, E., *Erste Philosophie* (1923/24), erster Teil, *Husserliana*, Bd. VII, Den Haag 1956.
Husserl, E., *Erste Philosophie* (1923/24), zweiter Teil *Husserliana*, Bd. VIII, Den Haag 1959.
Jeanson, F., *Le problème moral et la pensée de Sartre*, Paris 1947.
Jeanson, F., *La phénoménologie*, Paris 1952.
Kern, I., *Husserl und Kant*, Den Haag 1964.
Kraenzlin, G., *Versuch einer systematischen Darstellung der phänomenologischen Philosophie M. Schelers* (Diss.), Zürich 1933.
Kraus, O., *Die Grundlagen der Werttheorie* (Jahrbücher der Philosophie, 2. Jahrg.), Berlin 1914.
Kühler, O., *Wert, Person, Gott*, Berlin 1932.
Kuki, S., *Seiyo Kinsei Tetsugakushi ko*, 2 Bde., Tokio 1944.
Kants, *Gesammelte Schriften*, hrsg. v. d. Preussischen Akademie der Wissenschaften, Berlin und Leipzig ab 1910, insbes. Bd. I, II, III, IV, V, X, XIV, XV, XVII, XVIII, XIX, XX.
Landgrebe, L., *Phänomenologie und Metaphysik*, Hamburg 1949.
Landgrebe, L., *Der Weg der Phänomenologie*, Gütersloh 1963, 2. Aufl. 1967.
Landgrebe, L., *La phénoménologie de Husserl est-elle une philosophie transcendentale?* (Etudes philosophiques IX), 1954.
Lewis, C. I., *An Analysis of Knowledge and Valuation*, La Salle III, 1946.
Lewis, C. I., *The Ground and Nature of the Right*, New York 1955.
Lewis, C. I., *Mind and World Order*, Dover Edition, New York 1956.
Lipps, Th., *Die ethischen Grundfragen*, Leipzig 1912.
Ludwig, P., *Max Schelers Versuch einer neuen Begründung der Ethik* (Philosophisches Jahrbuch) 1918.
Lyotard, J. F., *La phénoménologie*, Paris 1954.
Meinong, A., *Zur Grundlegung der allgemeinen Werttheorie*, hrsg. von E. Mally, Graz 1923.
Merleau-Ponty, M., *Phénoménologie de la perception*, Paris 1942.
Merleau-Ponty, M., *La Structure du comportement*, Paris 1942.
Menzel, S., *Das Problem der formalen Logik in der Kantischen Kritik der reinen Vernunft* (Vortrag in Kantgesellschaft), 1965.
Miyake, G., *Heidegger no Tetsugaku*, Tokio 1950.
Miyake, G., *Ningen Sonzairon*, Tokio 1966.
Moore, G. E., *Principia Ethica*, Cambridge 1903.
Moore, G. E., *Ethics*, Oxford 1912, 1963 reprinted.
Moreau, J., *L'horizon des esprits; essai critique sur la phénoménologie de la perception*, Paris 1960.
Müller, A., *Die Ontologie der Werte* (Philosophisches Jahrbuch, Bd. 54), 1941.
Nietzsche, F., *Werke* (in drei Bänden), Zweiter Band, München 1958.
Nowell-Smith, P. H., *Ethics*, Middlesex 1954.
Pap, A., *Semantics and Necessary Truth*, New Haven 1958.
Pap, A., *Are all Necessary Propositions Analytic?* (*The Philosophical Review*, Vol. LVIII), 1949.
Pascal, B., *Oeuvres complètes*, Bd. 2, hrsg. v. F. Strowski, Paris 1931.
Pepper, S. C., *The Sources of Value*, Berkeley and Los Angeles 1958.

Perry, R. B., *General Theory of Value*, Cambridge, Mass. 1926.
Perry, R. B., *Realms of Value*, Cambridge, Mass. 1954.
Pfänder, A., *Zur Psychologie der Gesinnungen* (*Jahrbuch für Philosophie und phänomenologische Forschung*, Bde. I, 1913 u. III, 1916).
Polin, R., *Du laid, du mal, du faux*, Paris 1948.
Polin, R., *La création des valeurs*, Paris 1952.
Price, R., *Review of the principal questions in morals*, ed. by D. D. Raphael, Oxford 1948.
Prichard, H. A., *Moral Obligation*, Oxford 1949.
Prior, A. N., *Logic and the Basis of Ethics*, Oxford 1956.
Quine, W. v. O., *From a Logical Point of View*, Cambridge, Mass. 1953.
Raphael, D. D., *Moral Judgement*, London 1955.
Reinach, A., *Gesammelte Schriften*, Halle 1921.
Reiner, H., *Sinn und Recht der phänomenologischen Methode* (Edmund Husserl 1859–1959), Den Haag 1959.
Reiner, H., *Pflicht und Neigung. Die Grundlagen der Sittlichkeit*, Meisenheim/Glan 1951.
Reiner, H., *Freiheit, Wollen und Aktivität*, Halle/S. 1927.
Rintelen, F.-J. v., *Der Wertgedanke in der europäischen Geistesentwicklung*, 1. Teil, Halle 1932.
Rintelen, F.-J. v., *Dämonie des Willens*, Mainz 1947.
Rintelen, F.-J. v., *Sinn und Sinnverständnis* (*Zeitschrift für philosophische Forschung*, Bd. 2) 1948.
Rintelen, F.-J. v., *Philosophie der Endlichkeit*, Meisenheim/Glan 1951.
Rintelen, F.-J. v., *Der Rang des Geistes*, Tübingen 1955.
Rintelen, F.-J. v., *Wertphilosophie* (Die Philosophie im 20. Jahrhundert, hrsg. v. F. Heinemann) 1959.
Rintelen, F.-J. v., *Die Philosophie des lebendigen Geistes* (unveröffentlichtes Manuskript).
Ross, W. D., *The Right and the Good*, Oxford 1930.
Ross, W. D., *Foundations of Ethics*, Oxford 1939.
Rougier, L., *Traité de la connaissance*, Paris 1955.
Ryle, G., *The Concept of Mind*, London 1949.
Sartre, J. P., *Esquisse d'une théorie des émotions*, Paris 1960.
Scheler, M., *Beiträge zur Feststellung der Beziehungen zwischen den logischen und ethischen Prinzipien* (Diss.), Jena 1899.
Scheler, M., *Die transzendentale und psychologische Methode*, Leipzig 1900.
Scheler, M., *Wesen und Formen der Sympathie*, 1912, 5. Aufl., Frankfurt 1948.
Scheler, M., *Der Formalismus in der Ethik und die materiale Wertethik*, 1913/1916, 4. Auflage Bern 1954.
Scheler, M., *Vom Umsturz der Werte*, 1915/1919/1923, 4. Aufl. Bern 1955.
Scheler, M., *Vom Ewigen im Menschen*, 1920, 4. Aufl. Bern 1954.
Scheler, M., *Die Wesensformen und die Gesellschaft*, 1926, 2. Auflage Bern 1960.
Scheler, M., *Die Stellung des Menschen im Kosmos*, 1928, 6. Aufl. Bern 1962.
Scheler, M., *Schriften aus dem Nachlaß*, Bd. 1, 1933, 2. Aufl. Bern 1957.
Schümmer, M., *Die Wahrnehmungs- und Erkenntnismetaphysik Max Schelers in den Stadien ihrer Entwicklung unter besonderer Berücksichtigung der Beziehungen Schelers zu Husserl* (Diss.), Bonn 1954.
Sidgwick, H., *The Methods of Ethics*, 1878, 3. Aufl. London 1884.

Spiegelberg, H., *The Phenomenological Movement*, 2. vol., Den Haag 1960.
Spiegelberg, H., *Zur Ontologie des idealen Sollens* (Philosophisches Jahrbuch der Görres-Gesellschaft) 1958.
Stevenson, O. L., *Facts and Values*, New York 1953.
Stevenson, O. L., *Ethics and Language*, New Heaven 1944.
Thévenaz, P., *Qu'est-ce que la phénoménologie?* (*Revue de Théologie et de Philosophie*, Tome I), Lausanne 1952.
Thévenaz, P., *L'homme et sa raison*, 2 vl., Neuchâtel 1956.
Toulmin, S. E., *Examination of the Place of Reason in Ethics*, Cambridge 1950.
Tran-Duc-Thao, *Existentialisme et matérialisme dialectique* (*Revue de Métaphysique et de Morale*), 1949.
Uchiyama, M., *Das Wertwidrige in der Ethik Max Schelers* (Diss.), Bonn 1966.
Werkmeister, W. H., *Prolegomena to Value Theory* (*Philosophy and phenomenological Research*, Vol. XIV) 1954.
Werkmeister, W. H., *Normative Propositions and the ideal integrated and closed system* (*Philosophy of Science*, Vol. XVIII) 1951.
Werkmeister, W. H., *Ethics and Value Theory* (*Proceedings of the XI. International Congress of Philosophy*, Bruxelles, 1953).
Werkmeister, W. H., *Theories of Ethics*, New York, 1961.
Wisser, R., *Wert als Kern und Mitte des Wirklichen* (*Begegnungen*, Nr. 6, 18. Jahrg.) 1963.
Wisser, R., *Wertwirklichkeit und Sinnverständnis* (*Sinn und Sein*, hrsg. von Wisser), Tübingen 1960.
Wundt, W., *Kleine Schriften*, Bd. I, Leipzig 1910.
Schutz, A., *Collected Papers*, I, II, III, Den Haag 1962, 1964, 1966.
Seebohm, Th., *Die Bedingungen der Möglichkeit der Transzendentalphilosophie. Edmund Husserls transzendentaler Ansatz, dargestellt im Anschluß an seine Kant-Kritik*.
Strasser, S., *Phänomenologie und Erfahrungswissenschaft vom Menschen*, Berlin 1964.

F2/Rood